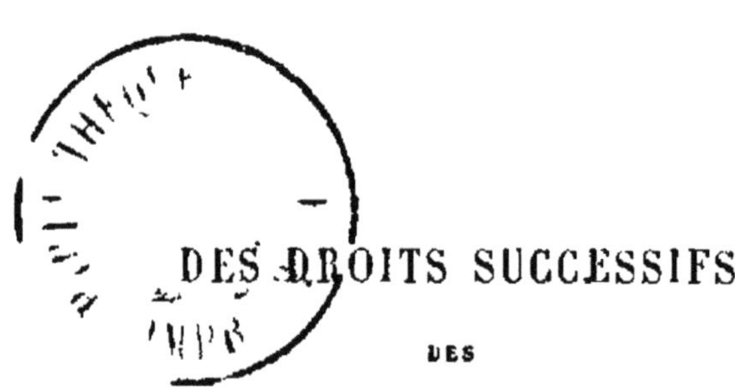

DES DROITS SUCCESSIFS

DES

ENFANTS NATURELS

DANS

LES DIFFÉRENTES LÉGISLATIONS DE L'EUROPE

PARIS. — IMP. SIMON RAÇON ET COMP., RUE D'ERFURTH. 1.

DES DROITS SUCCESSIFS

DES

ENFANTS NATURELS

DANS

LES DIFFÉRENTES LÉGISLATIONS DE L'EUROPE

(DOCTRINE ET JURISPRUDENCE) — ART. 756 A 767 C. NAP.

PAR

ERNEST MOULIN

AVOCAT A LA COUR IMPÉRIALE DE PARIS

Tournons notre attention compatissante sur ces enfants malheureux, condamnés en naissant à subir la faute d'être nés, objets innocents de la honte qui les cache et les méconnaît, repoussés de la société qui les condamne, et jetés loin de toute famille, sans autre consolation que les caresses furtives de la nature, sans autres droits que ceux de la pitié, et trop souvent sans autre asile que celui de la loi. — Je parle des enfants naturels.

DUVEYRIER, *Discours au Corps législatif.*

PARIS

A. DURAND, LIBRAIRE-ÉDITEUR | E. DENTU, LIBRAIRE-ÉDITEUR

7, RUE DES GRÈS | GALERIE D'ORLÉANS, 17 ET 19

1866

INTRODUCTION

L'accueil bienveillant qui a été fait, tant dans la presse que par des hommes d'État et des jurisconsultes éminents, à l'étude que nous avons publiée l'année dernière sur l'*Unité de législation civile en Europe*, nous encourage à compléter cet essai de législation internationale.

Dans notre précédente publication nous avons démontré, par une analyse rapide des différentes législations de l'Europe, qu'il existait entre elles de grandes ressemblances, et nous avons soutenu qu'il serait facile (ce qui, pour bien des personnes, n'est qu'un rêve), d'établir une législation civile uniforme pour les différents États de l'Europe, sans blesser aucune nationalité. Sans doute, en ce qui concerne le droit des personnes, c'est-à-dire le statut personnel, la capacité, les relations de famille et l'ordre des successions, chaque législation conserve un caractère particulier, spécial à la nation qu'elle gouverne... Elle consacre des traditions anciennes, des préjugés même qu'il serait peut-être difficile de détruire. Ce sont là, nous le reconnaissons, autant d'obstacles sérieux qui s'élèvent contre la réalisation d'un projet de législation civile uniforme; mais ces obstacles, nous le répétons, ne sont pas insurmontables.

Nous avons déjà établi qu'on pourrait admettre le divorce, sans pour cela désorganiser la famille ni blesser la loi religieuse... Nous examinons ici les différentes législations sur les *Droits successifs des enfants naturels*, et l'on verra par cet examen que, sur cette question grave et délicate, il serait facile aussi d'établir en Europe une législation uniforme.

Nous disions, dans notre travail sur l'*Unité de législation civile en Europe* que, si la grande et généreuse pensée de convier toutes les puissances de l'Europe dans un congrès, qui aurait pour mission de régler définitivement les difficultés de nature à troubler à chaque instant la paix, venait à être réalisée (jamais moment ne fut plus opportun pour cette réalisation), nous disions donc que la question de l'unité de législation se présenterait tout naturellement à l'examen du congrès. « Ce congrès, disions-nous, ne serait-il pas en effet naturellement conduit à rechercher les meilleurs moyens de consolider la paix générale, en l'entourant des garanties les plus sérieuses? Or, le meilleur moyen de cimenter la paix, la garantie la plus efficace, et la base la plus solide qu'elle puisse recevoir, ne serait-ce pas l'établissement en Europe de l'unité de législation civile? Par là, en effet, on donnerait aux différents peuples de l'Europe les mêmes droits et les mêmes devoirs; on les façonnerait ainsi aux mêmes habitudes, aux mêmes usages, aux mêmes sentiments, et par suite aux mêmes mœurs, et cette similitude de mœurs créerait parmi les différentes nations ces liens sympathiques qui éloignent la discorde. »

Dans un article remarquable qu'il a publié sur notre travail, et que nous sommes heureux d'avoir occasionné, un écrivain des plus distingués, M. Alloury, a fait sur cette partie-ci les réflexions suivantes :

« Ce sont là, dit-il, des vues élevées, des aspirations généreuses, mais tout élevées et toutes généreuses qu'elles soient, on ne peut dire qu'elles aient rien de chimérique ; elles portent leur avenir en elles-mêmes, et le seul tort de l'écrivain qui s'en est fait l'apôtre est peut-être d'attacher leur fortune à celle du congrès en question. Que le congrès se réunisse ou non, l'œuvre d'assimilation et d'unité, qui est déjà plus d'à moitié faite, s'accomplira quand même ; elle s'accomplira comme elle a commencé, par la force irrésistible des choses, par le seul effet de l'entente cordiale et sympathique entre les peuples. Il y a de nos jours un ressort plus puissant que tout l'art de la diplomatie et la science des congrès : c'est le génie de la civilisation moderne. Laissez-le faire, ce merveilleux ouvrier qui agit sans cesse et qui poursuit son œuvre de transformation universelle sans se laisser jamais arrêter ni troubler par la routine, par l'indifférence égoïste et par les combinaisons éphémères de la politique officielle. Le même levier, qui remue la surface du monde matériel, remue les profondeurs du monde intellectuel et moral; la force invisible qui renverse les barrières que la nature avait placées entre les différents États, entre les points les plus reculés du globe, fait tomber en même temps les barrières morales que les préjugés, les passions et les rivalités nationales avaient élevées entre les peuples.

« ... *Aperire terram gentibus*, c'est le programme de la Providence, et ce programme est mieux suivi que ceux qui ont pour but de perpétuer les traités de de 1815 et de maintenir l'équilibre européen. Chaque traité de commerce, signé par les gouvernements est un pas que les peuples font en avant vers cette ère de paix, de concorde et d'union que notre auteur entrevoit et salue comme la terre promise de la civilisation moderne. Union, unité, les deux mots n'en font qu'un; la seule différence entre l'un et l'autre est la même qui existe entre l'idée et l'idéal d'une seule et même chose... » (*Journal des Débats*, 14 janv. 1866).

Qu'il nous soit permis d'opposer ces réflexions si élevées à ceux qui déclarent que l'unité de législation en Europe est un rêve, une utopie, et qu'elle ne peut exister sans l'unité de religion et de gouvernement, par conséquent sans l'unité de mœurs, d'opinions, de nationalité, de langage; en un mot, sans l'unité absolue sur tous les points. L'avenir, c'est notre ferme espérance, leur prouvera qu'ils se sont trompés.

D'ailleurs, tout ce qui touche à la civilisation, à la prospérité des peuples, aux moyens de les unir entre eux d'une manière solide, tout ce qui peut leur donner la paix et la liberté, qui est la conséquence de la paix, tout cela est bien digne d'une étude incessante, et ne doit pas être repoussé sous le spécieux prétexte que ce n'est que rêves et utopies.

Avant d'unir les États de l'Europe, en abaissant toutes les frontières qui les séparent, commencez par unir ces différents peuples en leur donnant les mêmes lois; par là vous obtiendrez cette véritable sécurité de la paix indispensable à la prospérité des nations et à la liberté des peuples.

Paris, 10 août 1866.

DES DROITS SUCCESSIFS

DES

ENFANTS NATURELS

DANS

LES DIFFÉRENTES LÉGISLATIONS DE L'EUROPE

I

LEGISLATION ANCIENNE

Dans tous les temps et chez tous les peuples le mariage fut toujours en honneur. Le mariage est en effet une institution éminemment protectrice de la morale et de l'ordre social. Il forme la famille, au sein de laquelle la pudeur repose comme dans son naturel asile, il forme la société par la réunion des familles, il adoucit les mœurs des peuples et devient le principe des liens les plus puissants qui unissent les hommes. Aussi le mariage a-t-il toujours été l'objet de la sollicitude des législateurs, aussi les règles et les solennités qu'il comporte ont-elles toujours occupé une place importante dans les lois de tous les peuples civilisés. C'est par suite de la faveur et de l'honneur accordés au mariage que dans l'antiquité les plus grandes prérogatives étaient attribuées aux enfants légitimes, tandis que les enfants naturels étaient traités avec une rigueur qui constituait une véritable barbarie. Ainsi, chez les Grecs où, comme chez les Hébreux, le concubinage était proscrit, « les enfants qui naissaient d'un commerce libre étaient traités aussi rigoureusement que des étrangers; ils n'avaient, comme ceux-ci, aucunes qualités civiles, aucun droit politique, aucun droit de famille, aucun droit de successibilité; on leur refusait même l'avantage de participer aux cérémonies religieuses. » (D'Expilly, dans son 17me plaidoyer, n° 20.)

Chez le peuple romain, pour qui la monogamie était la règle, et qui avait un profond mépris pour les unions illégitimes, les lois contre les enfants naturels étaient si rigoureuses, que le droit canon lui-même dut les adoucir. En effet, le droit canonique, tout en excluant les enfants naturels de la succession de leur père, leur donna droit à des aliments.

A Rome le concubinage n'était pas flétri comme chez nous, cela est vrai; c'est parce qu'à Rome le concubinat avait un tout autre caractère que chez nous; il constituait une union légale d'après le droit civil. La concubine venait immédiatement après l'*uxor;* sa position ne présentait rien de déshonnête, rien d'infamant. Aussi cette union produisait-elle certains effets civils, et les enfants qui en étaient issus n'étaient-ils pas confondus avec les fruits du libertinage et de la débauche, et n'étaient-ils pas flétris comme les *spurii*, ou ceux *ex nefando coïtu nati?* « Ces enfants, dit Loiseau en parlant des enfants nés de la concubine, n'étaient point traités aussi favorablement, il est vrai, que les enfants légitimes ; ils ne jouissaient pas des prérogatives de la famille, mais seulement des droits de cité ; ils n'étaient point placés en puissance paternelle, mais ils avaient droit à des aliments. » (Loiseau, *Traité des enfants naturels*, p. 17.) Nous devons faire remarquer cependant que ce droit à des aliments, dont parle Loiseau, n'était attribué à l'enfant naturel par aucune loi; aucun texte n'imposait au père l'obligation de fournir des aliments à son enfant naturel ; ce fut la jurisprudence qui établit à leur profit une action directe contre leur père en dation d'aliments. En effet, « comme la novelle 18, chap. 5, la nov. 89, chap. 12, § 4, et l'authentique, *licet patri*, prescrivaient aux héritiers du concubin de nourrir les enfants de ce dernier, on soutint qu'à plus forte raison le concubin lui-même était tenu de les alimenter pendant sa vie. » (D'Aguesseau, t. VII, p. 390.)

De même que le concubin, la concubine était soumise à l'obligation de nourrir ses enfants, mais seulement lorsque leur père était décédé, ou qu'il se trouvait dans l'indigence. (Nov. 117, cap. 7.) On alla même plus loin, et l'on étendit cette obligation aux aïeux des enfants naturels. (Nov. 117, cap. 7.)

Par une juste réciprocité, les enfants naturels étaient tenus de fournir des aliments à leurs ascendants, si ces derniers étaient dans le besoin. (ff. nov. 117.) Les frères et sœurs naturels étaient soumis aussi à la dette alimentaire. (ff. 89, cap. 12, § 6.)

DES DROITS DE SUCCESSIBILITÉ

Pour déterminer les droits de successibilité des enfants naturels, il y a une double distinction à faire. Il faut distinguer, en premier lieu, s'il s'agit de la succession du père ou de celle de la mère, et, en second lieu, si leur succession est testamentaire, ou *ab intestat*.

I. *Succession testamentaire du père.* — Le père pouvait transmettre par testament toute sa fortune à ses enfants naturels ou à leur mère, s'il ne laissait ni descendants, ni femme, ni ascendants légitimes. S'il ne laissait que des ascendants légitimes, ayant une réserve, le père pouvait tout donner par testament à ses enfants naturels, hors la réserve de l'ascendant; mais s'il laissait des enfants légitimes, il ne pouvait leur donner que le douzième de ses biens, douzième qu'il devait partager par têtes avec leur mère.

Succession ab intestat. — Lorsque le père décédait *ab intestat*, laissant une femme ou des enfants légitimes, ses enfants naturels n'avaient droit qu'à des aliments. (Nov. 89, cap. 12, § 6.) Mais s'il ne laissait ni femme ni enfants légitimes, ses enfants naturels recueillaient le sixième de la succession (nov. 89, cap. 12, § 4), sur lequel sixième leur mère prenait une portion virile.

II. *Succession de la mère.* — Les enfants naturels d'une concubine née dans une famille plébéienne lui succédaient, ils venaient même en concours avec ses enfants légitimes. (L. 5, *Cod. ad senatus cons. orsitianum.*) Au contraire, si la concubine était de famille illustre, elle n'avait même pas le droit de transmettre des aliments à ses enfants naturels. (L. 2, ff., *undè cognati.*)

Par une juste réciprocité, consacrée par la nov. 89, cap. 13, la succession de l'enfant naturel était déférée à ses père et mère dans les proportions que nous allons déterminer.

Droits du père dans la succession de son fils naturel. — Par testament, le fils naturel pouvait donner tous ses biens à son père. Toutefois, s'il laissait des enfants légitimes, il ne pouvait donner que le douzième de sa succession. S'il ne laissait pas d'enfants légitimes, mais sa mère, il devait réserver à cette dernière sa légitime; il pouvait, sauf cette réserve, donner à son père tous les biens composant sa succession.

Lorsque l'enfant naturel décédait *ab intestat*, sa succession était déférée toute entière à sa femme et à ses enfants.

Le père de l'enfant naturel avait droit à un sixième de sa succession, s'il ne laissait pas d'enfants.

Droits de la mère dans la succession de son fils naturel. — Succession testamentaire.— Lorsque le fils naturel décédait sans postérité, il devait laisser à sa mère au moins sa légitime. C'était la seule restriction apportée à ses dispositions testamentaires.

Succession ab intestat.— Lorsque le fils naturel décédait *ab intestat*, et qu'il ne laissait pas d'enfants, toute sa succession était dévolue à sa mère, si elle était seule survivante. (L. 2 et 4, ff., *undè cognati.*)

Si les père et mère naturels survivaient à leur enfant, le père avait droit à un sixième des biens, et la mère au surplus.

Si les père et mère se trouvaient en concours avec d'autres enfants naturels, le père prélevait encore un sixième, et le surplus était partagé par égales portions entre la mère et les autres enfants.

Les enfants adultérins ou incestueux. — Chez les Romains, les enfants nés d'un commerce adultérin étaient un objet d'opprobre. La loi leur refusait la qualification d'enfants naturels, elle leur refusait aussi tous droits de successibilité, et même toute action pour obtenir des aliments.

Ils ne pouvaient rien recevoir de leurs père et mère, à titre de donation ou par testament.

Ces rigueurs de la loi furent adoucies par le droit canon, qui accorda aux enfants adultérins ou incestueux une action en aliments contre leur père, et à son défaut contre leur mère.

II

LÉGISLATION FRANÇAISE

En France, la loi n'ayant jamais attribué au concubinage un caractère légal, tous les enfants nés hors mariage étaient qualifiés bâtards; on les appelle aujourd'hui enfants naturels.

Aucune partie de la législation n'a subi autant de variations et de controverses, que celle qui est relative aux enfants naturels. Dans les pays de droit écrit, chaque parlement avait sa jurisprudence particulière.

Dans les pays coutumiers, il n'y avait rien de stable, rien de précis. Les coutumes ne renfermaient le plus souvent aucunes dispositions sur les droits des bâtards, et, lorsqu'elles établissaient des règles à cet egard, ces règles étaient presque toujours incomplètes et obscures.

Cependant, d'après le droit coutumier, les enfants naturels étaient généralement incapables de recevoir les dispositions testamentaires qui leur avaient été faites par leur père et même par leur mère.

Le chancelier d'Aguesseau professe lui-même cette doctrine. « La loi du royaume, dit-il, exclut également les religieux et les bâtards, quoique par des raisons bien différentes, des successions légitimes. Quelle a été l'interprétation de cette loi à l'égard des bâtards? On a douté pendant quelque temps s'il était permis à un père de faire des dispositions universelles en leur faveur ; mais enfin l'autorité du droit civil, la sévérité des principes, l'utilité publique ont porté le parlement à déclarer ces institutions scandaleuses, absolument nulles, et contraires aux maximes du droit et de l'honnêteté publique. Ainsi celui qui ne peut point succéder à son père *ab intestat* ne peut point espérer de devenir son héritier par testament.» (D'Aguesseau, t. II, p. 14).

De son côté, Furgole s'exprime ainsi : « Cette prohibition peut même être autorisée par une raison tirée de la déclaration du roi, du 25 novembre 1639, art. 5 et 6, et de l'art. 8 de l'édit du mois de mai 1697, qui veulent que les enfants nés de mariages que les époux tiendront cachés pendant leur vie, et que les enfants, nés d'un commerce illicite, quoique les personnes se marient ensemble à l'extrémité de leur vie, soient incapables de recueillir toutes successions de leurs père et mère. Or, si le mariage, quand il est clandestin, ou quand il est contracté *in extremis*, quoique bon quant au sacrement, n'empêche pas que les enfants ne soient incapables de toutes sortes de successions, c'est-à-dire tant testamentaires qu'*ab intestat*, à plus forte raison les bâtards qui n'ont en leur faveur ni mariage, ni ombre de mariage pour couvrir le vice de leur naissance, doivent-ils être déclarés incapables des successions testamentaires et des libéralités à titre universel et d'institution; car il ne serait pas raisonnable de penser que le mariage contracté *in extremis*, après une longue malversation, rende la condition des enfants plus odieuse; le vice est dans la malversation et non dans le mariage.

« Ainsi la rigueur de la déclaration et de l'édit n'est fondée que sur la maxime du royaume qui déclare les enfants nés d'une conjonction illégitime, incapables de recueillir des institutions et des successions de la part de leurs père et mère... »

Succession ab intestat. — Les bâtards n'avaient aucun droit sur la succession de leur père décédé *ab intestat.* Ils étaient également incapables de succéder à leur mère et à leurs aïeux maternels.

Presque toutes les coutumes avaient admis cette règle : « *Enfants bastards ne succèdent* » (art. 310, *Coutume d'Orléans*). Cependant quelques coutumes, telles que celles de Valenciennes, de Saint-Omer et de Thérouane, par application des principes primitivement admis en droit romain, admettaient les enfants naturels à recueillir la succession de leur mère : « *Nul n'est bâtard de par sa mère.* » Mais c'étaient là des exceptions, et, d'après le droit commun, « *les bâtards ne succédaient pas plus à leur mère et à leurs parents maternels qu'ils ne succédaient à leur père.* » (Pothier, *des Successions*, ch. I, sect. II, § 3).

En résumé, sous l'ancienne législation, les enfants naturels étaient exclus de toute succession, excepté de celles de leurs enfants légitimes. Ils n'avaient droit qu'à des aliments sur les biens de leur père et mère.

Tel était l'état de la législation lorsqu'éclata la révolution de 1789.

Cette immortelle révolution, qui proclama ce grand principe d'égalité entre les citoyens, l'établit aussi entre les enfants, en mettant au même rang tous les enfants qui seraient reconnus par leur père.

Un grand nombre de lois et décrets relatifs aux

droits des enfants nés hors mariage furent rendus par les assemblées législatives qui se succédèrent après 1789. Nous en donnons ci-après le texte sous la rubrique *Droit intermédiaire.*

III

DROIT INTERMÉDIAIRE

— 1793 A 1804 —

Le droit *intermédiaire* comprend toutes les lois et tous les décrets qui ont été édictés en faveur des enfants naturels depuis les premiers temps de la révolution jusqu'à la promulgation du Code Napoléon.

Nous rapportons exactement ici toutes ces lois et tous ces décrets dans l'ordre de leur date.

Texte des décrets.

Nº 1. Du 4 juin 1793, décret qui établit le principe de successibilité des enfants nés hors mariage :

La convention nationale, après avoir entendu le rapport de son comité de législation,

Décrète que les enfants nés hors le mariage succéderont à leurs père et mère dans la forme qui sera déterminée, et ajourne la discussion jusqu'à ce qu'elle ait entendu son comité de législation, tant sur le mode d'adoption que sur les successions en général, ce comité demeurant chargé de présenter ce travail sous le plus prochain délai.

Il existe un décret du 31 juillet suivant, qui suspend tous les procès relatifs aux enfants naturels; mais voyez l'art. 17 du décret du 12 brumaire an II, ci-après.

N° 2. Le 9 août 1793, dans son rapport fait à la Convention nationale, au nom du comité de législation, sur le premier projet de Code civil, Cambacérès s'exprimait ainsi sur les droits des enfants nés hors mariage:

Si la loi, disait-il, place tous les enfants sous la bienfaisante tutelle de ceux qui leur ont donné l'être, elle a dû porter ses regards sur une classe d'infortunés depuis trop longtemps victimes du préjugé le plus atroce.

La bâtardise doit son origine aux erreurs religieuses et aux invasions féodales : il faut donc la bannir d'une législation conforme à la nature. Tous les hommes sont égaux devant elle : pourquoi laisseriez-vous subsister une différence entre ceux dont la condition devrait être la même?

Nous avons mis au même rang tous les enfants qui seront reconnus par leur père; mais en faisant un acte que la justice réclamait, nous avons dû prévenir les fraudes et les vexations. Ces motifs nous ont déterminés à exiger que la déclaration du père fût toujours soutenue de l'aveu de la mère, comme le témoin le plus incontestable de la maternité. Nous avons résolu aussi d'écarter ces formes inquisitoriales longtemps pratiquées dans l'ancienne jurisprudence; et nous refusons toute action qui aurait pour objet de forcer un individu à reconnaître un enfant qu'il ne croit pas lui appartenir.

Quant aux enfants nés avant la promulgation de la loi, la possession d'état leur suffira pour recueillir les successions de leurs père et mère, ouvertes depuis le 14 juillet 1789. Eh! qu'on ne nous dise point que c'est donner à la loi un effet rétroactif. Ce principe ne s'applique point lorsqu'il s'agit d'un droit primitif, d'un droit que l'on tient de la nature; d'ailleurs, les enfants naturels ont été appelés aux droits de successibilité par le décret du 4 juin dernier (1793).

Le 12 brumaire an II, la Convention nationale, après avoir entendu le rapport de son comité de législation, rendit le décret suivant qui fixe les droits des enfants nés hors mariage et qui détermine le mode de successibilité :

Article 1er. — Les enfants actuellement existant nés hors le mariage, seront admis aux successions de leurs père et mère, ouvertes depuis le 14 juillet 1789. (Cet effet rétroactif a été rapporté, voyez art. 13 de la loi de vendémiaire, an IV.)

Ils le seront également à celles qui s'ouvriront à l'avenir pour la réserve portée par l'art. 10 ci-après.

Art. 2. — Leurs droits de successibilité sont les mêmes que ceux des autres enfants.

Art. 3. — Ils ne pourront néanmoins déranger de leur chef les partages faits; mais ils prendront leur portion sur les lots existants.

Art. 4. — Si le père ou la mère de l'enfant né hors du mariage a transmis ses biens en tout ou en partie, soit *ab intestat*, soit par dispositions, à des parents collatéraux ou à des étrangers, ceux-ci, lors de la remise qu'ils feront à l'enfant né hors mariage, pourront retenir le sixième de ce qui leur est échu, ou de ce qui leur a été donné.

Art. 5. — Dans tous les cas, les enfants nés hors du mariage seront tenus de recevoir les biens en l'état où ils se trouveront à compter de ce jour, et de s'en rapporter sur la consistance de ces biens à l'inventaire qui en aura été dressé à la mort de leur père ou mère.

Art. 6. — Les héritiers directs ou collatéraux qui ne pourront pas représenter en nature les effets et biens compris dans l'inventaire, feront état aux enfants nés hors du mariage du prix qu'ils en ont tiré, ou de leur valeur au temps de la mort de leur père ou mère.

De leur côté les enfants nés hors du mariage feront état aux héritiers directs ou collatéraux des impenses utiles ou nécessaires que ceux-ci ont faites dans les biens, et ils rapporteront aux héritiers directs ce qui leur a été donné par leur père ou mère, les fruits et revenus exceptés.

Art. 7. — Les enfants nés hors du mariage ne pourront exiger la restitution des fruits perçus, ni préjudicier aux droits acquis, soit à des tiers possesseurs, soit à des créanciers hypothécaires, ou autres ayant titre authentique avant le premier brumaire courant.

Art. 8. — Pour être admis à l'exercice des droits ci-dessus dans la succession de leur père décédé, les enfants nés hors du mariage seront tenus de prouver leur possession d'état. Cette preuve ne pourra résulter que de la suite des soins donnés, à titre de paternité et sans interruption, tant à leur entretien qu'à leur éducation.

La même disposition aura lieu pour la succession de la mère.

Art. 9. — Les enfants nés hors du mariage dont la filiation sera prouvée de la manière qui vient d'être déterminée, ne pourront prétendre aucun droit dans les successions de leurs parents collatéraux, ouvertes depuis le 14 juillet 1789.

Mais à compter de ce jour, il y aura successibilité réciproque entre eux et leurs parents collatéraux à défaut d'héritiers directs.

Art. 10. — A l'égard des enfants nés hors du mariage, dont le père et la mère seront encore existants lors de la promulgation du Code civil, leur état et leurs droits seront en tous points réglés par les dispositions du Code.

Art. 11. — Néanmoins, en cas de mort de la mère avant la publication du Code, la reconnaissance du père faite devant un officier public suffira pour constater, à son égard, l'état de l'enfant né hors du mariage et le rendre habile à lui succéder.

Art. 12. — Il en sera de même dans le cas où la mère serait absente ou dans l'impossibilité absolue de confirmer par son aveu la reconnaissance du père.

Art. 13. —Sont exceptés ceux des enfants dont le père ou la mère était, lors de leur naissance, engagé dans les liens du mariage.

Il leur sera accordé, à titre d'aliment, le tiers en propriété de la portion à laquelle ils auraient droit s'ils étaient nés dans le mariage.

Art. 14.—Néanmoins, s'il s'agit de la succession de personnes séparées de corps par jugement ou acte authentique, leurs enfants nés hors du mariage exerceront tous les droits de successibilité énoncés dans l'article premier, pourvu que leur naissance soit postérieure à la demande en séparation.

Art. 15.—A l'égard des enfants nés hors du mariage qui sont en instance avec des héritiers directs ou collatéraux pour la succession de leur père ou de leur mère, ouverte avant le 14 juillet 1789 et dont les réclamations n'auraient pas été terminées par jugement en dernier ressort, il leur sera accordé le tiers de la portion qu'ils auraient eue s'ils étaient nés dans le mariage.

Art. 16.— Les enfants et descendants d'enfants nés hors du

mariage représenteront leurs père et mère dans l'exercice des droits que la présente loi leur attribue.

Art. 17. — Des arbitres choisis par les parties, ou à leur refus par le juge de paix du lieu de l'ouverture de la succession, termineront toutes les contestations qui pourront s'élever sur l'exécution de la présente loi, notamment dans le cas où il n'aurait pas été fait inventaire à la mort du père ou de la mère des enfants nés hors du mariage.

En aucun cas, les jugements de ces arbitres ne seront sujets à l'appel.

Art. 18. — La Convention nationale déclare communs aux enfants nés hors du mariage, dont la filiation sera prouvée de la manière déterminée par l'art. 8, les secours décrétés en faveur des enfants des défenseurs de la patrie.

Nota. La loi explicative du 22 ventôse an II, contient quelques dispositions relatives aux enfants naturels.

Observations historiques sur les dispositions transitoires de ce décret. — Le décret du 12 brumaire an II fut porté pour mettre en activité le principe de la successibilité des enfants naturels fixé par la loi ci-dessus.

Déjà, au mois d'août 1793, le législateur avait cherché à déterminer l'étendue de ce droit de successibilité. Il émit à cet égard un projet qui renfermait deux sortes de dispositions: les unes définitives, qui étaient destinées à fixer immuablement les droits et le sort des enfants naturels à naître ; les autres transitoires, qui ne portèrent que sur les enfants naturels déjà nés.

Les dispositions définitives formaient un titre spécial du projet de Code ; les dispositions transitoires composaient un appendice placé à la suite de ce titre.

Par les premières il était dit :

Que la loi n'admet pas la recherche de la paternité non avouée; que la loi donnait pour père à l'enfant d'une femme non mariée celui qui, de concert avec elle, le reconnaît devant l'officier public de l'état civil.

Et que, quant au droit de succéder, il n'y avait aucune différence entre les enfants ainsi reconnus et les enfants nés d'un mariage légitime.

Par les secondes, les enfants naturels actuellement existants et dont *la filiation était prouvée* devaient être admis aux successions de leurs père et mère ouvertes depuis le 14 juillet 1789, terme que la loi du 15 thermidor an IV a replacé au 4 juin 1793 ou qui s'ouvriraient à l'avenir.

C'était, comme on le voit, établir une très-grande différence entre les enfants naturels à naître et les enfants naturels déjà nés. Ceux-ci étaient admis à prouver leur filiation, quoique non reconnue ; ceux-là ne pouvaient être admis à aucune preuve, ils devaient tirer tous leurs droits de la reconnaissance du père.

Cette différence excita dans la Convention nationale des débats assez vifs, et comme ils pouvaient en se prolongeant retarder beaucoup l'achèvement du Code civil, on prit le parti d'en détacher les articles de l'Appendice, concernant les enfants naturels actuellement existant, et de les renvoyer à la révision du comité pour en faire l'objet d'une loi particulière.

D'après cette mesure, les articles définitifs concernant les enfants naturels à *naître* furent décrétés sans contradiction ni difficulté, en sorte qu'à cet égard il fut établi pour règle invariable que la paternité ne pouvait être prouvée que par la reconnaissance du père, et que cette reconnaissance serait sans effet si elle n'était pas revêtue de certaines formes et accompagnée de certaines conditions prescrites pour empêcher toute supposition de *part*, toute introduction d'étrangers dans les familles.

A l'égard des articles d'appendice, le comité de législation, s'occupant de la mission qui lui avait été confiée, les discuta de nouveau, en retoucha la rédaction et les représenta à la Convention nationale, qui les convertit en loi le 12 brumaire an II, c'est-à-dire au moment où le Code civil venait d'être arrêté, et précisément la veille du jour où s'en fit la dernière lecture.

Mais à la suite de cette lecture, la Convention nationale, au lieu d'ordonner la promulgation de ce code, prit le parti de le renvoyer à une nouvelle révision.

L'objet de ces articles, comme nous venons de le voir, était de déterminer l'état et les droits des enfants naturels déjà nés. Mais il ne fut pas rempli complétement, il ne le fut que relativement aux enfants naturels déjà nés, dont les pères étaient morts depuis le 14 juillet 1789, ou plutôt (suivant la loi du 15 thermidor an 4) depuis la publication du décret du 4 juin 1793, et quant aux enfants naturels déjà nés, dont les pères vivaient encore, le réglement de leur état et de leurs droits fut renvoyé au Code civil, sur la très-prochaine promulgation duquel, nous l'avons dit, on comptait généralement. (Loiseau, *Traité des enfants naturels.*)

N° 3. Le 25 nivôse an III [1], intervint la loi suivante, qui attribue aux tribunaux de district la connaissance de toutes les contestations qui s'élèveront sur l'état civil des enfants nés hors mariage, et la connaissance des procès existants sur des questions d'état :

La Convention nationale, après avoir entendu le rapport de son comité de législation, décrète :

Article 1er. — Toutes les contestations qui pourront s'élever sur l'état civil privé des enfants nés hors mariage, seront jugées par les tribunaux de district.

[1] Dans l'intervalle, et le 4 pluviose an II, il y a eu un décret d'ordre du jour d'après lequel toute instance commencée avant le 12 brumaire an II devait être continuée d'après la jurisprudence antérieure.

Art. 2. — Les tribunaux de district seront pareillement autorisés à connaître des procès actuellement existants sur les questions d'état, quand même il aurait été nommé des arbitres, conformément à l'art. 17 de la loi du 12 brumaire an II.

Art. 3. — Les jugements rendus jusqu'à ce jour sur des questions d'état, soit par des tribunaux, soit par des arbitres, et qui ne seraient attaqués que par voie d'incompétence, seront maintenus.

Art. 4. — Toutes les dispositions de la loi du 12 brumaire qui seraient contraires au présent décret seront rapportées.

N° 4. Le 5 vendémiaire an IV, loi relative à l'abolition de l'effet rétroactif des lois des 5 et 12 brumaire et du 17 nivôse an II, concernant les successions, dons, etc.; elle dispose ainsi :

Article 1er. — Les droits acquis de bonne foi, soit à des tiers-possesseurs, soit à des créanciers hypothécaires ou autres, ayant une date certaine, postérieure à la promulgation desdites lois du 5 brumaire et du 17 nivôse an II, mais antérieure à la promulgation de la loi du 5 floréal dernier, sur les biens compris dans les dispositions rapportées par la loi du 9 fructidor dernier, leur seront conservés, sauf le recours des héritiers rétablis vers les personnes déchues. Mais toutes aliénations, hypothèques et dispositions desdits biens, à titres onéreux ou gratuits, postérieures à la promulgation de ladite loi du 5 floréal dernier, sont nulles.

Art. 2. — Dans les nouveaux partages, liquidations, rapports et restitutions, qui auront lieu en exécution de la présente loi, il ne sera point fait raison des fruits ou intérêts perçus avant la publication de ladite loi du 5 floréal, sauf les exceptions ci-après.

Art. 3. — Les personnes rappelées et rétablies dans leurs droits par la présente loi, seront tenues de recevoir les biens en l'état où ils se trouveront, sauf l'action pour abattis de bois-futaie.

Art. 4. — Ceux qui sont obligés de restituer, en vertu de la présente loi, et qui auront cessé de posséder, avant le 5 floréal dernier, les biens ou effets sujets à restitution, tiendront compte du prix qu'ils en auront tiré, s'ils les ont aliénés à titre onéreux ou de leur valeur au temps où ils ont recueilli, s'ils sont autrement sortis de leurs mains, sauf aux personnes rétablies à exercer toutes actions nécessaires qui appartenaient à ceux qui ont aliéné à titre onéreux ou gratuit.

Art. 5. — Les partages faits entre la république et les personnes déchues qui étaient ci-devant religieux ou religieuses ou qui n'avaient que des portions légitimaires ou des lots à réclamer sont maintenus, sauf l'exécution de l'art. 7 du 17 nivôse.

Sont maintenus également les partages entre les héritiers des ci-devant religieux ou religieuses qui n'ont recueilli, en vertu des lois des 5 brumaire et 17 nivôse, que des portions légitimaires.

Art. 6. — Les copartageants déchus seront préalablement remboursés de toutes dépenses qui auront augmenté ou conservé la valeur des fonds, et de toutes charges par eux légitimement acquittées, autres que les charges affectées à la simple jouissance, comme aussi de tous frais et déboursés, relatifs aux partages et autres actes annulés par la présente loi

Art. 7. — Les copartageants déchus pourront donner en payement des restitutions auxquelles ils sont tenus par l'effet de la présente loi, soit le prix même des objets qu'ils avaient légitimement aliénés, soit les contrats et créances qu'ils justifieront résulter du placement des deniers provenant des partages annulés, sans garantie de la solvabilité des débiteurs.

Art. 8. — Les personnes déchues par la présente loi auront

la faculté de retenir en biens héréditaires, et proportionnellement sur chaque espèce de biens, le montant des portions légitimaires et supplémentaires et des autres droits qui leur appartiennent. Les payements qui pourront leur avoir été faits à compte en argent ou assignats ou de toute autre manière que ce puisse être, soit avant ou après l'ouverture de la succession, ne pourront les priver de cette faculté, dont elles jouiront dans tous les cas, à la charge de rapporter dans la masse ce qu'elles ont reçu dans les mêmes espèces, ou la valeur réelle et effective en assignats au cours.

La disposition du présent article s'applique pareillement aux légitimaires dont les droits ont été ouverts, soit avant le 14 juillet 1789, soit depuis le 5 floréal dernier.

Art. 9. — Toutes dispositions des lois rendues en interprétation des dispositions rétroactives abrogées par la loi du 9 fructidor dernier sont rapportées quant à l'effet rétroactif.

La loi du 5 floréal, qui suspend toute poursuite en vertu de la loi du 17 nivôse, est abrogée sans qu'on puisse opposer pour moyen de nullité contre les procédures contradictoires faites depuis la publication de la loi du 9 fructidor pour l'exécution de cette loi.

Art. 10. — Toutes contestations qui pourront s'élever sur l'exécution de la présente loi seront jugées selon les règles générales de l'ordre judiciaire. Les art. 54, 55 et 56 de la loi du 17 nivôse sont abrogés.

Art. 11. — Tous procès existants, même ceux pendants au tribunal de cassation, tous arrêts de deniers, toutes saisies ou oppositions, tous jugements intervenus, partages ou autres actes et clauses qui ont leur fondement dans les dispositions des lois du 5 brumaire et du 17 nivôse an II, ou dans les dispositions des lois subséquentes rendues en interprétation, sont abolis ou annulés.

Les amendes consignées même pour les procès jugés seront restituées.

Art. 12. — En conséquence de la loi du 9 fructidor dernier et des articles ci-dessus, ladite loi du 5 brumaire, celle du 17 nivôse, en ce qui n'y est point dérogé, celle du 7 mars 1793 sur les dispositions en ligne directe et toutes les lois antérieures non abrogées, relatives aux divers modes de transmission des biens, auront leur exécution, chacune à compter du jour de sa publication.

Art. 13. — La loi du 12 brumaire an II concernant le droit de succéder des enfants nés hors mariage n'aura d'effet qu'à compter du jour de sa publication.

Les règles d'exécution du présent article seront les mêmes que celles établies ci-dessus relativement à l'abolition de l'effet rétroactif desdites lois du 5 brumaire et du 17 nivôse.

N° 5. Le 26 vendémiaire an IV, loi qui suspend l'exécution de l'art. 13 de celle du 5 vendémiaire relatif aux enfants nés hors le mariage :

La Convention nationale décrète que l'exécution de l'art. 13 de la loi du 5 de ce mois relatif aux enfants nés hors le mariage demeure suspendue, et renvoie à son comité de législation pour en faire un rapport sous trois jours, la proposition faite d'examiner s'il y a lieu à rapporter la loi du 12 brumaire an II. L'insertion du présent décret au bulletin de correspondance tiendra lieu de publication.

N° 6. Le 15 thermidor an VI, loi concernant les droits successifs des enfants nés hors le mariage.

Du 26 prairial. — Le Conseil des Cinq-Cents, après avoir entendu trois lectures, les 25 ventôse, 11 germinal et 6 floréal derniers, d'un projet de résolution relatif à l'effet rétroactif de la loi du 12 brumaire, concernant les enfants nés hors le mariage, et déclaré qu'il n'y a pas lieu à l'ajournement, prend la résolution suivante :

Article 1er. — Le droit de succéder à leurs père et mère accordé aux enfants nés hors le mariage, par la loi du 4 juin 1793, n'aura d'effet que sur les successions échues postérieurement à la publication de ladite loi. L'effet rétroactif attribué à ce droit par la première disposition de l'art. 1er de la loi du 12 brumaire an II est aboli.

L'art. 13 de la loi du 3 vendémiaire dernier et la loi du 26 du même mois, en ce qui concerne l'exercice de ce même droit, sont abrogés, sans qu'ils puissent être opposés comme moyens de nullité contre les procédures exécutées pour l'exécution de la loi du 4 juin 1793.

Art. 2. — Les règles d'exécution de l'article ci-dessus seront les mêmes que celles établies par les art. 1, 2, 3, 4, 6, 7, 9, 10, 11 et 12 de la loi du 3 vendémiaire dernier, relativement à l'abolition de l'effet rétroactif de la loi du 17 nivôse, en substituant seulement la date du 3 vendémiaire à celle du 5 floréal qui se rencontre dans ces articles.

Art. 3. — Les enfants déchus par l'effet de la présente résolution jouiront, à titre d'aliments, sur les successions de leurs père et mère, d'une pension égale au revenu du tiers de la portion qu'ils y auraient prise, s'ils étaient nés dans le mariage.

Les donations et autres avantages qui leur auraient été faits par leurs père et mère entreront en compensation de cette pension, les fruits et revenus exceptés.

Art. 4. — Le droit de successibilité réciproque entre les enfants nés hors le mariage et leurs parents collatéraux, et celui donné à ces enfants et à leurs descendants de représenter leurs père et mère, n'auront d'effet que par le décès de ces derniers postérieur à la publication de la loi du 4 juin 1793 et seulement sur les successions ouvertes depuis la publication de celle du 12 brumaire.

Art. 5. — La présente résolution sera imprimée.

N° 7. Du 12 ventôse an V, arrêté concernant un référé sur une question relative aux droits successifs des enfants nés hors de mariage, et dont le père est décédé depuis la promulgation de la loi du 12 brumaire an II.

Le Directoire exécutif, vu le jugement du tribunal civil du département de Saône-et-Loire, du 22 nivôse an V, qui, avant de statuer sur la question de savoir si « l'enfant né hors du mariage, dont le père est décédé depuis la promulgation de la loi du 12 brumaire an II, doit avoir droit à la succession, avoir été par lui reconnu par-devant l'officier public, ou s'il lui suffit de représenter des actes privés, et d'offrir la preuve des soins qui lui ont été donnés à titre de paternité, » a ordonné qu'il en sera référé au Corps législatif par l'intermédiaire du ministre de la Justice.

Ouï le ministre de la Justice, qui a dit :

Citoyens directeurs,

La question proposée par le tribunal civil du département de Saône-et-Loire a divisé les jurisconsultes et donné lieu à une diversité de jurisprudence. Il est néanmoins facile de la résoudre par la connaissance des faits qui ont amené la loi du 12 brumaire an II, par l'économie de cette loi, et en se pénétrant surtout de l'intention de ceux dont elle est l'ouvrage.

On sait que la Convention nationale, dans les premiers moments de sa session, fut vivement sollicitée d'améliorer le sort des enfants naturels : les pétitions s'accumulèrent sur cette importante matière, et, dès le 4 juin 1793, il fut rendu un décret portant que les enfants nés hors du mariage succéderaient à leurs père et mère dans la forme qui serait déterminée.

Deux mois après on s'occupa de déterminer cette forme dans un projet de Code civil.

Il y avait dans ce projet des dispositions *définitives* et des dispositions *transitoires*; les premières étaient destinées à fixer irrévocablement l'état de la législation; l'objet des secondes est suffisamment indiqué par leur dénomination.

Les dispositions définitives formaient les titres du Code. Les dispositions transitoires se trouvaient dans les articles d'appendice, transcrits à la suite des titres auxquels ces articles se rapportaient.

A l'égard des enfants nés hors du mariage, les articles définitifs n'admettaient point la recherche de la paternité non avouée; ils donnaient pour père à l'enfant d'une femme non mariée, celui qui le reconnaissait dans les formes prescrites par la loi.

Selon les articles d'appendice, les enfants actuellement existants nés hors du mariage, et dont la filiation était prouvée, devaient être admis aux successions de leurs père et mère, ouvertes depuis le 14 juillet 1789 *ou qui s'ouvriraient à l'avenir*.

Cette dernière disposition établissait, comme l'on voit, une grande différence entre les règles définitives du code et les articles transitoires.

Il s'éleva des débats sur ce point dans la Convention nationale. D'une part, on ne trouvait pas juste de priver les pères existants des avantages de la nouvelle législation et de leur supposer une intention qu'il leur était loisible de manifester; d'un autre côté les enfants naturels qui étaient en instance avec les héritiers de leurs pères sollicitaient une décision qui pût régler définitivement leur état et leurs droits.

Afin de concilier ces divers intérêts, quelques membres proposèrent de détacher les articles d'appendice et de les soumettre de nouveau à l'examen du comité de législation et d'en faire l'objet d'une loi particulière.

Cet avis prévalut.

Les articles d'appendice furent remaniés par le comité, et après avoir subi les changements qui les appropriaient au système de la législation nouvelle, ils formèrent enfin la loi du 12 brumaire an II.

Cette loi est une ligne de démarcation qu'il ne faut pas méconnaître et que les juges ne doivent jamais dépasser.

Elle sépare les successions ouvertes de celles qui s'ouvriront à l'avenir.

Elle distingue, par conséquent, les enfants dont les pères sont décédés avant la loi, et les enfants dont les pères viendraient à décéder après la publication de la loi.

Les successions ouvertes sont déclarées appartenir aux enfants nés hors le mariage dont les pères sont décédés, à la charge par eux de faire la preuve qui leur est imposée.

Les successions non encore ouvertes sont renvoyées à l'art. 10.

Pour les pères morts avant la loi, le législateur n'exige qu'une preuve supplétive résultant, soit d'écrits publics ou privés, soit de soins donnés à titre de paternité et sans interruption pour l'éducation et l'entretien.

Pour les pères encore existants, le législateur exige une reconnaissance authentique, puisqu'il entend que l'état et les droits de leurs enfants, soient en tous points réglés par les dispositions du Code civil.

Relisez les articles 1, 10, 11, 12 de la loi du 12 brumaire an II, et vous y trouverez cette intention manifestée par l'évidence.

Il suffit de rapprocher ces divers articles, dans lesquels l'esprit du législateur respire tout entier, pour reconnaître qu'on n'a eu en vue dans l'article 8 que les enfants dont les pères n'existaient plus, que c'est pour eux que la loi a fixé dans cet article un mode de reconnaissance, et que ce mode ne saurait s'appliquer à ceux dont les pères existaient encore et avaient, par conséquent, la faculté de les reconnaître.

Et qu'on ne dise pas que cette loi n'a parlé que des pères qui existaient lors de la promulgation du Code et s'est tue sur ceux qui viendraient à décéder entre le Code et la loi. Que, dès lors, elle est censée avoir compris ceux-ci dans la règle établie par l'article 1er, et n'avoir assujetti les enfants qui réclameraient les successions futures qu'aux mêmes formalités qu'elle avait prescrites pour les successions ouvertes depuis 1789.

Les raisons se multiplient contre cette objection.

S'il eût été déraisonnable d'exiger, pour constater l'état des enfants dont les pères n'existaient plus, des conditions qu'il leur eût été impossible de remplir, il aurait été absurde d'opposer une volonté présumée à celui qui pouvait déclarer ses intentions positives, et voilà la base de la distinction ci-dessus appelée, le véritable sens de la loi du 12 brumaire an II, et le caractère que ses auteurs ont voulu lui imprimer.

On a donc exigé, pour cette classe d'enfants dont les pères se trouvaient exister au moment de la publication de la loi, une reconnaissance faite devant un officier public.

C'est dans les articles 11 et 12 que se trouve cette disposition.

Elle paraît d'abord ne s'appliquer qu'à des particuliers ; mais en y réfléchissant, en se rappelant que le législateur a voulu abolir la recherche de la paternité non avouée et fonder une reconnaissance positive, les rapports des enfants naturels avec leurs parents, il est facile de voir que la loi du 12 brumaire a institué la formalité de la reconnaissance devant l'officier public pour les pères survivants.

Or, à ces motifs puisés dans l'esprit et dans la lettre de la loi viennent encore se réunir des considérations extra-judiciaires, qui ne doivent point, sans doute, avoir le poids de l'autorité, mais qui peuvent servir à éclairer ceux aux yeux desquels la loi paraît obscure.

Qu'on revoie la correspondance du comité de législation, et celle de la commission exécutive, qui lui était subordonnée ;

qu'on pèse les projets émanés de ce comité et les opinions de ses membres, on trouvera que rien n'a été négligé afin d'éviter toute recherche de la paternité non reconnue publiquement.

Dans un projet de décret d'ordre du jour adopté par le comité, sur la proposition du représentant du peuple Oudot, et qui ne parait pas avoir été présenté à la Convention nationale, il s'agissait de savoir si la retenue du dixième autorisée par l'article 4 de la loi du 12 brumaire an II, pouvait avoir lieu dans le cas où l'événement de la mort qui a ouvert la succession est postérieur à la loi. Voici la réponse : « Considérant qu'il y a eu transmission de bien aux héritiers présomptifs si l'enfant né hors du mariage n'a pas été reconnu authentiquement par devant l'officier public, passe à l'ordre du jour. »

La commission des administrations civiles, police et tribunaux, écrivit dans sa circulaire du 15 prairial an III : *Les actions en déclaration de paternité sont proscrites. Pour vous en convaincre, il suffira d'approfondir avec nous quelques-unes des dispositions de la loi précitée, celle du 12 brumaire an II, et d'abord vous remarquerez que si dans l'article 8 qui ne dispose que pour le passé, la loi n'a donné pour établir, etc.*

Le 19 brumaire précédent, à l'occasion de quelques articles du Code civil, le rapporteur (Cambacérès) s'exprimait ainsi à la tribune de la Convention nationale :

Personne n'ignore combien dans les habitudes de la vie il est facile de répandre la présomption d'une paternité qui n'a jamais existé; c'est pour cela que la loi du 12 brumaire exige la reconnaissance du père. Vous avez encore prévu le cas où il n'existerait plus (à l'époque de la publication de la loi), et vous avez dit (par l'article 8) qu'alors on suppléerait au défaut de reconnaissance par la preuve résultant des actes publics ou privés du père et des soins donnés à titre de paternité pour l'entretien et l'éducation de l'enfant.

Cette explication n'a point sans doute l'autorité de la loi; mais elle peut du moins lui servir de commentaire.

Voyons maintenant les objections qu'on oppose à cette doctrine :

Vouloir, dit-on, que les successions ouvertes depuis la loi du 12 brumaire an II fussent régies par un code qui n'a aucune existence, que les enfants n'y fussent admis qu'en rapportant les preuves qui sont exigées par ce code, ce serait lui donner un effet rétroactif aussi injuste qu'illégal, que s'il s'appliquait aux successions antérieures au 12 brumaire an II. Ce serait réduire à l'impossibilité les enfants naturels.

La réponse à cette objection est simple et facile. La loi ne rétrograde que quand elle ravit des droits acquis ; il n'y a point de rétroaction lorsqu'il s'agit de développer ou d'expliquer un principe nouveau ou admis sous des conditions.

Avant le 4 juin 1793, les enfants naturels n'héritaient pas de leurs pères ni de leurs mères ; en leur accordant les droits de successibilité, le législateur a pu se réserver le pouvoir de déterminer l'exercice de ces droits ; c'est ce qu'il a fait par le décret du 4 juin.

Le 12 brumaire suivant, il s'est expliqué à l'égard de ceux de ces enfants dont les pères n'existaient plus ; il a renvoyé au Code civil le règlement de droits de ceux dont les pères vivaient encore, lorsqu'une reconnaissance positive n'aurait pas fixé leur état.

Voici la conséquence de ces dispositions :

Les enfants naturels qui n'ont pas été reconnus par leurs pères, demeurent dans l'état d'indétermination où les avait placés le décret du 4 juin 1793, et ils n'ont que des aliments à prétendre jusqu'au moment où le Code civil aura été décrété.

Il y a moins de sévérité dans cette opinion qu'il n'y aurait de danger dans l'opinion contraire.

Si, depuis la loi du 12 brumaire, dit-on encore, les législateurs n'ont pas rendu une loi particulière pour les successions qui seraient ouvertes ou qui s'ouvriraient postérieurement à cette loi, n'est-il pas certain qu'ils ont voulu que toutes celles qui seraient échues avant la promulgation du Code civil, fussent réglées par les dispositions de la loi du 12 brumaire elle-même ?

Réponse. En décrétant cette loi, la Convention nationale devait croire qu'il n'y aurait qu'un très-court intervalle entre sa promulgation et celle du Code civil, dont la discussion était à peu près terminée ; elle ne s'occupa point du temps intermédiaire qui devait s'écouler entre ces deux époques, et il en est résulté une véritable lacune dans la loi. Doit-on en tirer la conséquence que les juges et les arbitres ont le droit de remplir cette lacune, qu'il leur est loisible d'interpréter à leur gré les vues du législateur sans l'avoir consulté, et d'appliquer contre les lumières de la raison un mode établi pour un temps déterminé? Non, sans doute; et si le Corps législatif, en rendant la loi du 15 thermidor an IV, n'a pas prononcé sur ce point, n'est-on pas fondé à dire qu'il a présumé que ces droits de successibilité des enfants naturels dont les pères existaient lors de la publication de la loi du 12 brumaire an II, ne devaient être réglés que par le code civil ?

On invoque enfin l'autorité de la jurisprudence. Ce que je viens de dire répond d'avance aux arguments qu'on peut tirer de la manière dont les tribunaux exécutent la loi du 12 brumaire de l'an II. Il en est d'ailleurs plusieurs qui ont su saisir le véritable sens de la loi, et d'autres qui ont référé au législateur les motifs de leurs doutes : ajoutez qu'on pourrait citer mille exemples d'erreurs consacrées par la jurisprudence, et détruites ensuite par la jurisprudence même lorsque les juges ont été mieux instruits.

Les indications que je viens de donner jettent une grande lumière sur le point de législation qui vous occupe. Il n'y a que l'intérêt particulier qui puisse s'armer contre des raisonnements fondés sur le texte et sur l'esprit de la loi. Non, la Convention nationale, en rendant justice à des individus longtemps victimes des préjugés, n'a point entendu placer dans les familles ceux qui ne leur appartiendraient pas. S'il y a quelqu'ambiguïté dans les décrets rendus en cette matière, la discussion du projet de Code les fera disparaître.

Je vous propose, citoyens directeurs, d'arrêter, conformément à l'art. 3 de la loi du 10 vendémiaire an IV, sur l'organisation du ministère, que le jugement de référé du 12 nivôse dernier sera transmis au Conseil des Cinq-Cents, et de prendre des mesures pour éclairer les autres tribunaux sur la nécessité où ils sont d'imiter, sur la question dont il s'agit, la sage circonspection de celui du département de Saône-et-Loire.

Le Directoire exécutif arrête que le jugement de référé ci-dessus mentionné sera transmis par un message au Conseil des Cinq-Cents, et que le présent arrêté sera inséré au Bulletin des lois.

N° 8. Du 2 ventôse an VI, loi interprétative de celle du 15 thermidor an IV, concernant les droits successifs des enfants nés hors mariage :

Le Conseil des anciens, considérant que l'état d'incertitude et d'anxiété où se trouvent plusieurs familles sollicite une prompte décision sur les difficultés qu'a fait naître l'art. 4 de la loi du 15 thermidor, approuve l'acte d'urgence.

Suit la teneur de la déclaration d'urgence et de la résolution du 8 fructidor :

Le Conseil des Cinq-Cents, considérant que l'art. 4 de la loi du 15 thermidor an IV, concernant les droits successifs des enfants nés hors du mariage, a restreint leurs droits de successibilité réciproque avec leurs parents collatéraux, et celui qu'ils ont, eux et leurs descendants, de représenter leurs père et mère, au cas où leurs père et mère ne seraient décédés qu'après la publication de la loi du 4 juin 1793 ;

Que cette condition, qui a pu être exigée pour l'avenir, emporte pour le passé, dans les successions directes et collatérales ouvertes depuis le 12 brumaire an II jusqu'au 15 thermidor an VI, un effet rétroactif qu'il importe de faire cesser, déclare qu'il y a urgence.

Après avoir déclaré l'urgence, le Conseil prend la résolution suivante :

Article 1er. — Les enfants nés hors du mariage de personnes libres, à leur défaut leurs enfants et descendants, ont été appelés à recueillir, soit immédiatement de leurs chefs, soit par représentation de leurs père et mère, les successions directes et collatérales ouvertes depuis la publication de la loi du 15 thermidor an IV, quoique leurs père et mère fussent morts avant le 4 juin 1793.

Art. 2. — Les dispositions de la loi du 15 thermidor an IV, qui se trouvent contraires à la présente sont rapportées.

Art. 3. — Il ne sera donné aucune suite aux jugements rendus en conséquence des dispositions rétroactives de la loi du 15 thermidor an IV.

Art. 4. — Si le délai pour se pourvoir en cassation contre des jugements rendus en dernier ressort dans les cas prévus par la présente avant la loi du 15 thermidor an IV n'était pas encore expiré à l'époque de la loi, dans ce cas, le temps qui aura couru depuis la loi du 15 thermidor jusqu'à la publication de la présente ne pourra être opposé. En conséquence, tout recours en cassation peut être admis jusqu'à l'entière expiration du délai qui restait encore à courir à l'époque de ladite loi du 15 thermidor.

Art. 5. — La présente résolution sera imprimée.

IV

DISCUSSION DU CODE CIVIL

— 1803-1804 —

Les assemblées législatives qui s'étaient succédées depuis 1789 jusqu'en l'an VIII (1799 et 1800) avaient fait plusieurs tentatives infructueuses pour arriver à la codification.

L'honneur de doter son pays d'un Code civil devait revenir à Napoléon. Le 24 thermidor an VIII, sept mois après son élévation au consulat, il nomma une commission chargée de rédiger et de présenter au gouvernement un projet de Code civil.

La commission chargée de cette œuvre importante était composée de quatre jurisconsultes éminents : Tronchet, Portalis, Maleville et Bigot-Préameneu.

Le 15 mars 1801 leur tâche était remplie, et leur projet était imprimé.

Nous allons rapporter ci-après les discussions auxquelles ce projet donna lieu au conseil d'État et au Corps législatif, sur la question relative aux droits successifs des enfants naturels. Dans le projet, les droits des enfants naturels sur les biens de leurs père et mère décédés sont portés au livre III, titre Ier *des Successions*, chapitre IV.

PROJET DE CODE DISCUTÉ AU CONSEIL D'ÉTAT

CHAPITRE IV. — DES SUCCESSIONS IRRÉGULIÈRES.

SECTION PREMIÈRE.

Des droits des enfants naturels sur les biens de leurs père et mère, et de la succession aux enfants naturels décédés sans postérité.

ARTICLE 756

« Les enfants naturels ne sont point héritiers ; la loi ne leur accorde de droits sur les biens de leurs père ou mère décédés, que lorsqu'ils ont été légalement reconnus. Elle ne leur accorde aucun droit sur les biens des parents de leurs père et mère. »

DISCUSSION DU CONSEIL D'ÉTAT.

Première rédaction. — Séance du 2 nivôse an II.

Art. 42 (756). — Les enfants naturels n'ont qu'une créance sur les biens de leurs père ou mère décédés ; la loi ne la leur accorde que lorsqu'ils ont été légalement reconnus.

La loi ne leur accorde aucun droit sur les biens des parents de leurs père ou mère.

Jollivet dit que cet article paraît en contradiction avec l'article 43 (757), qui semble donner une part héréditaire à l'enfant naturel.

TREILHARD répond que l'article 43 (757), comme l'article 42 (756), n'attribue à l'enfant qu'une simple créance.

Le consul CAMBACÉRÈS désirerait qu'on évitât le mot créance, qu'on se bornât à déclarer que les enfants naturels ne sont pas héritiers, mais que la loi leur accordât un droit sur les biens de leur père.

L'article est adopté avec l'amendement du consul.

ARTICLE 757.

« Le droit de l'enfant naturel sur les biens de ses père ou mère décédés est réglé ainsi qu'il suit :

« Si le père ou la mère a laissé des descendants légitimes, ce droit est d'un tiers de la portion héréditaire que l'enfant naturel aurait eue s il eût été légitime; il est de la moitié lorsque les père ou mère ne laissent pas de descendants, mais bien des ascendants ou des frères ou sœurs ; il est de trois quarts lorsque les père ou mère ne laissent ni descendants ni ascendants, ni frères ni sœurs. »

DISCUSSION DU CONSEIL D'ÉTAT.

Première rédaction. — Séance du 2 nivôse an XI.

Art. 43 (757). — Le droit de l'enfant naturel sur les biens de ses père ou mère est réglé ainsi qu'il suit :

« Si le père ou la mère a laissé des descendants légitimes, ce droit est d'un tiers de la portion héréditaire que l'enfant naturel aurait eue s'il eût été légitime ; il est de la moitié lorsque les père ou mère ne laissent pas de descendants, mais bien des ascendants ; il est des trois quarts lorsque les père ou mère ne laissent ni descendants ni ascendants. »

MALEVILLE dit que les trois quarts de la portion héréditaire sont trop pour les enfants naturels lorsqu'ils sont en concurrence avec les frères et sœurs du défunt ; que d'ailleurs l'article n'est pas concordant avec la disposition qui règle le concours dans les successions entre les ascendants et les frères.

Le consul CAMBACÉRÈS propose de ne donner aux enfants naturels que la moitié de la portion héréditaire quand il existe des frères et sœurs du défunt.

L'article est adopté avec l'amendement du consul.

ARTICLE 758.

« L'enfant naturel a droit à la totalité des biens lorsque ses père ou mère ne laissent pas de parents au degré successible. »

DISCUSSION DU CONSEIL D'ÉTAT.

Première rédaction. — Séance du 2 nivôse an XI.

JOLLIVET demande que la totalité des biens du défunt appartienne aux enfants naturels quand les héritiers du père et de la mère sont au sixième degré.

MALEVILLE pense que l'article s'accorde mieux avec la disposition qui refuse le titre d'héritier aux enfants naturels.

Le consul CAMBACÉRÈS dit qu'en effet ce serait contredire cette disposition que de rendre les enfants naturels héritiers, tant qu'il reste des parents aux degrés successibles. D'ailleurs on ignore si les enfants naturels seront déclarés incapables de recevoir de leur père plus qu'il ne leur est attribué par les art 43 (757) et 42 (756), en les supposant exempts de cette capacité. On conçoit que le père pourra disposer en leur faveur et ajouter à ce que la loi leur attribue.

ARTICLE 759.

« En cas de prédécès de l'enfant naturel, ses enfants ou descendants peuvent réclamer les droits fixés par les articles précédents. »

DISCUSSION DU CONSEIL D'ÉTAT.

Première rédaction. — Séance du 2 nivôse an XI.

Le consul CAMBACÉRÈS demande si l'enfant naturel du bâtard jouira du bénéfice de cet article?

BERLIER observe que l'article ne peut s'appliquer dans toute sa latitude à un tel enfant, puisqu'on a décidé : 1° qu'il n'était pas héritier, mais simplement créancier ; 2° que cette créance réduite à une quotité des biens et droits du père ne les représente conséquemment point en entier.

Le consul CAMBACÉRÈS objecte que, quoique l'enfant naturel ne soit pas héritier, il a cependant droit à un tiers d'une part héréditaire dans la succession de son père. L'article transmet ce droit à ses descendants. Or, s'il n'a que des enfants naturels, ils auront un neuvième d'une part héréditaire dans la succession de leur aïeul.

L'article est adopté.

ARTICLE 760.

« L'enfant naturel ou ses descendants sont tenus d'imputer sur ce qu'ils ont droit de prétendre tout ce qu'ils ont reçu du père ou de la mère dont la succession est ouverte et qui serait sujet à rapport, d'après les règles établies à la section II du chapitre VI du présent titre. »

ARTICLE 761.

« Toute réclamation leur est interdite lorsqu'ils ont reçu du vivant de leur père ou de leur mère la moitié de ce qui leur est attribué par les articles précédents, avec déclaration expresse de la part de leur père ou mère que leur intention est de réduire l'enfant naturel à la portion qu'ils lui ont assignée.

« Dans le cas où cette portion serait inférieure à la moitié de ce qui devrait revenir à l'enfant naturel, il ne pourra réclamer que le supplément nécessaire pour parfaire cette moitié. »

ARTICLE 762.

« Les dispositions des art. 757 et 758 ne sont pas applicables aux enfants adultérins ou incestueux. La loi ne leur accorde que des aliments. »

DISCUSSION DU CONSEIL D'ÉTAT.

Première rédaction. — Séance du 2 nivôse an XI.

TRONCHET rappelle que, d'après les dispositions antérieurement arrêtées, les enfants adultérins et incestueux ne peuvent être reconnus. Il semble donc impossible de comprendre le père dans cet article, puisque, d'un côté, la paternité ne saurait être légalement avouée et que, de l'autre, elle n'est pas, comme la maternité, naturellement certaine.

TREILHARD dit que la section s'est déterminée par la considération que la recherche de la maternité donnerait aussi, en certains cas, la preuve de la paternité comme dans l'hypothèse de l'enlèvement de la mère.

L'article est adopté.

ARTICLE 763.

« Ces aliments sont réglés eu égard aux facultés du père ou de la mère, au nombre et à la qualité des héritiers légitimes. »

DISCUSSION DU CONSEIL D'ÉTAT.

Première rédaction. — Séance du 2 nivôse an XI.

A la suite de cet article (763), on avait proposé la disposition suivante :

« Le remboursement du capital des aliments pourra cependant être ordonné à la majorité de l'enfant, si ce remboursement est jugé utile pour lui assurer un état et si sa conduite passée présente une garantie suffisante de sa conduite future. »

Bigot-Préameneu s'élève contre cet article, parce que, quoi qu'on ne puisse refuser des aliments, on ne peut, sans blesser les bonnes mœurs, admettre la procédure en remboursement du capital de ces aliments.

Regnaud apprécie cette opinion, attendu qu'une semblable demande conduirait à disputer les biens du père et de la mère et qu'il y aurait deux procès, l'un pour obtenir la pension, l'autre pour obtenir le remboursement du capital.

Treilhard répond que ce remboursement ne serait pas dû de plein droit, mais seulement dans le cas où l'enfant aurait tenu une bonne conduite. Au surplus, on pourrait ne permettre cette demande qu'après la mort du père.

Boulay dit qu'elle ne peut être admise qu'alors, puisque les enfants, en général, n'ont point d'action pour se faire doter par leur père.

Le consul Cambacérès dit que cet article donne aux enfants adultérins un avantage qui est refusé aux enfants naturels. Au reste, s'ils doivent en jouir, il est préférable qu'ils exercent leur action du vivant du père plutôt qu'à l'époque où ses biens se trouveront partagés entre ses héritiers.

Bigot-Préameneu demande la suppression de l'article. Un père, dit-il, peut avoir transigé pour cacher au public qu'il a un enfant adultérin ou incestueux; sa prévoyance serait déjouée si, après sa mort, il était possible de divulguer sa faute pour former une demande contre ses héritiers.

L'article est retranché.

ARTICLE 764.

« Lorsque le père ou la mère de l'enfant adultérin ou incestueux lui auront fait apprendre un art mécanique, ou lorsque l'un des deux lui aura assuré des aliments de son vivant, l'enfant ne pourra élever aucune réclamation contre leur succession. »

ARTICLE 765.

« La succession de l'enfant naturel décédé sans postérité est dévolue au père ou à la mère qui l'a reconnu ; ou par moitié à tous les deux s'il a été reconnu par l'un et par l'autre. »

ARTICLE 766.

« En cas de prédécès des père et mère de l'enfant naturel, les biens qu'il en avait reçus passent aux frères ou sœurs légitimes s'ils se trouvent en nature dans la succession; les actions en reprise, s'il en existe, ou le prix de ces biens aliénés, s'il est encore dû, retournent également aux frères et sœurs légitimes ; tous les autres biens passent aux frères et sœurs naturels ou à leurs descendants. »

DISCUSSION DU CONSEIL D'ÉTAT.

Première rédaction. — Séance du 2 nivôse an XI.

Art. 52 (765). — La succession de l'enfant naturel est dévolue en premier ordre à ses enfants ou descendants, à leur défaut au père ou à la mère ou par moitié à tous les deux quand ils ont été reconnus par l'un et par l'autre.

(766). — A défaut de père et mère, la succession est dévolue aux frères et sœurs du défunt, sans distinction des frères légitimes et naturels ou à leurs descendants.

Art. 53. — La succession de l'enfant naturel n'est dévolue à ses père et mère, frères ou sœurs que lorsqu'il a été légalement reconnu; elle est, au surplus, recueillie conformément aux règles générales sur les successions.

Le consul CAMBACÉRÈS n'aperçoit point les motifs qui ont pu

déterminer la section à déférer l'hérédité des enfants naturels à leur père, à leur mère, à leurs frères, à leurs sœurs; il lui semble que ce serait assez d'accorder au père et à la mère un droit de retour.

Treilhard observe que le fisc seul se trouve exclu par cet article.

Le consul Cambacérès dit qu'il faudrait supposer entre l'enfant naturel et ceux qu'on appelle à sa succession une réciprocité qui est impossible.

Regnaud dit que l'enfant naturel ne doit avoir pour héritiers que ses descendants; que, à l'égard des autres personnes avec lesquelles la nature lui a donné des rapports, il pourra les avantager en usant de la faculté qui lui appartient de disposer indéfiniment de ses biens lorsqu'il n'a pas d'enfants.

Treilhard répond qu'il serait inutile d'établir des successions si la faculté de disposer qui appartient d'ailleurs à tous, pouvait y suppléer; mais il s'agit ici de régler des successions *ab intestat;* or, il est naturel que les frères d'un enfant reconnu soient préférés au fisc.

Defermon dit qu'il est impossible d'admettre qu'un père puisse donner à ses enfants naturels le droit de faire partie de sa famille.

Treilhard réplique que la préférence accordée aux enfants naturels ne leur donne pas plus une famille qu'au fisc et à l'époux survivant lorsqu'ils sont appelés à recueillir la succession à défaut de parents.

D'ailleurs on ne peut pas dire qu'un enfant naturel reconnu n'ait point de famille. Et pour qui propose-t-on d'anéantir les effets de la reconnaissance? Pour l'intérêt du fisc, qui ne vient qu'à défaut de tout autre héritier.

Emmery dit que l'article est favorable même aux frères légitimes de l'enfant naturel, parce qu'il peut leur rendre, s'ils lui survivent, la part qu'il a eue dans le patrimoine du père commun.

Le consul CAMBACÉRÈS dit qu'il serait juste de donner la préférence à l'épouse de l'enfant naturel sur ses frères et sœurs.

REGNAUD dit qu'on a voulu favoriser les liens de famille, en ne les étendant, dans aucun cas, aux enfants naturels; qu'on ne peut donc admettre que ces enfants seront représentés dans une succession.

BERLIER dit qu'aucun des motifs qui ont été allégués ne peut empêcher d'établir une successibilité qui ne lèse personne.

TREILHARD dit que, du moment qu'on a admis la reconnaissance des enfants naturels, on a admis aussi les conséquences que la section en tire. Quand le père avoue sa paternité, il n'y a plus de scandale ultérieur à craindre. Maintenant, si cet enfant naturel vient à mourir sans descendants, quels sont ceux qui se disputeront la succession? Ce seront d'un côté ceux qui lui sont unis par le sang, de l'autre le fisc; or, il est déjà décidé que l'enfant naturel succède quand tous les degrés de la parenté légitime sont épuisés; on ne peut donc lui refuser l'hérédité de son frère légitime. Pourquoi le frère légitime ne succéderait-il pas à son tour au frère naturel, puisqu'aux yeux de la loi ils sont reconnus pour enfants du même père?

BIGOT-PRÉAMENEU dit que, lorsque l'enfant naturel ne laisse point de descendants, sa femme, qui faisait partie de sa famille, vient en premier ordre.

S'il ne laisse point de femme, ses frères doivent être ses héritiers. Cependant il ne faut pas qu'il y ait un concours entre les frères légitimes et les frères naturels; ces derniers ne doivent venir qu'à défaut des autres, et c'est dans cet ordre qu'ils doivent prendre la succession par exclusion du fisc.

TREILHARD dit que la faculté vient de ce que la disposition qu'on discute n'est point à sa place. Les successions légitimes ne sont dévolues que dans les degrés de la parenté civile; mais on admet encore un autre genre de successions qu'on nomme irrégulières, c'était là qu'il fallait reporter la disposition. Elle n'établit plus alors qu'une manière de déférer les biens quand il n'y a pas d'héritier, et alors aussi vient le principe : *Fiscus post omnes.*

A l'égard de la vocation des frères légitimes, puisque le fisc se trouve exclu, elle présente une compensation de ce qu'ils ont perdu de la succession de leur père, par la part qui a été donnée à leur père naturel.

Le consul CAMBACÉRÈS pense aussi que la disposition n'est point à sa place ; mais la difficulté qu'on rencontre vient aussi de ce que l'article est trop général.

Il ajoute que, pour éviter toute contradiction, on pourrait reléguer les dispositions de cette section dans un titre particulier. Là on réduirait les enfants légitimes à prendre la portion donnée à l'enfant naturel dans le patrimoine du père commun; mais on ne leur donnerait point avec le titre d'héritiers, la totalité de la succession : la parenté civile peut seule, en effet, constituer des héritiers. A la vérité, le fisc n'est point favorable; mais, comme il a la charge des enfants naturels, il est bon aussi qu'il leur succède quelquefois, et quand la partie de la succession qui provenait du père est rendue aux enfants légitimes, la préférence du fisc n'a plus rien d'odieux.

Le conseil adopte la proposition du consul.

Ces deux articles sont renvoyés à la section.

RÉDACTION COMMUNIQUÉE AU TRIBUNAT.

Art. 49 (766). — En cas de prédécès des père et mère de l'enfant naturel, les biens qu'il en avait reçus retournent à ses frères ou sœurs légitimes, s'ils se retrouvent en nature dans la succession. Les actions en reprise, s'il en existe, ou le prix de ces biens aliénés, s'il en est encore dû, retournent également aux frères et sœurs légitimes. Tous les autres biens passent aux frères naturels.

OBSERVATIONS DU TRIBUNAT.

On lit à la fin de cet article : « Tous les autres biens passent aux frères naturels ; » le mot sœurs est oublié. On propose aussi d'ajouter descendants, afin que le texte de la loi comprenne toute la latitude qui est dans son esprit. Ainsi l'on dira : Tous les autres biens passent aux frères et sœurs naturels ou à leurs descendants.

Tel est l'avis de la section.

Un membre observe que ce même article, en parlant des biens qui doivent retourner aux frères ou sœurs légitimes, ne dit point qu'ils succèdent comme fait l'article 50 (747) au sujet d'un autre droit de retour accordé aux ascendants. On pense que dans l'un et l'autre cas le droit de retour ne doit être exercé qu'à la charge de contribuer aux dettes de la succession, car celui qui a laissé ses biens pouvait les aliéner, et s'il le pouvait, à plus forte raison, il a pu les grever de dettes. Ainsi les frères ou sœurs légitimes et naturels doivent contribuer chacun au prorata de l'émolument; il propose, en conséquence, de placer à la suite de cet article, comme second paragraphe, la disposition suivante :

« Les uns et les autres contribueront aux dettes à proportion de ce qu'ils prennent. »

La section adopte ce paragraphe additionnel.

Voici comment le conseiller d'État Treilhard s'exprima, au Corps législatif, dans la séance du 19 germinal an XI, en exposant les motifs du titre Ier, livre III, chapitre IV :

Je passe à la seconde, celle des successions qu'on nomme irrégulières, parce qu'elles ne sont plus déférées dans l'ordre d'une parenté légitime.

Les anciennes lois appelaient, à défaut de parents, l'époux survivant, et à son défaut le domaine.

Nous avons admis ces dispositions; mais n'y a-t-il pas des droits plus légitimes encore, et qui doivent précéder ceux du conjoint et de la république? Je veux parler des droits des enfants naturels qui ont été reconnus.

Déjà vous avez sanctionné par votre suffrage une loi qui doit en même temps préserver les familles de toute recherche odieuse de la part d'enfants dont les pères ne sont pas connus, et laisser au père la faculté de constater, par leur reconnaissance, l'état des enfants.

Si la nature réclame pour ceux-ci une portion de patrimoine paternel, l'ordre social s'oppose à ce qu'ils le reçoivent dans les mêmes proportions et au même titre que les enfants légitimes.

Il faut en convenir, on ne s'est jamais tenu dans une juste mesure envers les enfants naturels. Un préjugé barbare les flétrissait même avant leur naissance; et pendant que nous punissions ces infortunés pour la faute de leurs pères, les vrais, les seuls coupables, tranquilles et satisfaits, n'éprouvaient ni trouble dans leur jouissance, ni altération dans leur considération personnelle.

Ce renversement de tous les principes ne devait pas subsister; et si nous ne sommes pas encore parvenus à imprimer au vice toute la flétrissure qu'il mérite, du moins nous avons effacé la tache du front de l'innocent. Nous avons aussi dû mettre un terme à une espèce de réaction qui tendait à couvrir les enfants naturels d'une faveur qui ne leur est plus due.

Ils ne partageront pas avec les enfants legitimes le titre d'héritier; leurs droits sont réglés avec sagesse, plus étendus quand leur père ne laisse que des collatéraux, plus restreints quand il laisse des enfants légitimes, des frères ou descendants.

Enfin, à défaut de parents, l'enfant reconnu succédera. Remarquez, je vous prie, que cet avantage n'est accordé qu'à l'enfant reconnu; or, la reconnaissance d'enfants adultérins ou incestueux n'étant pas permise, suivant les dispositions de la loi sur la *paternité* et la *filiation*, ils ne pourront réclamer la portion des enfants naturels.

Cependant, comme la recherche de la maternité, admise par la même loi, pourrait entraîner la preuve de commerces adultérins ou incestueux, il a bien fallu assurer des aliments aux fruits malheureux de ces désordres révoltants; mais on n'a pas dû pousser plus loin l'indulgence; il serait inutile de justifier devant vous cet article; et puisse notre siècle être assez heureux pour n'être jamais témoin de son application.

Après avoir fixé les droits des enfants naturels sur la succession de leur père, on a dû établir aussi quelques règles sur leur propre succession; elles sont en petit nombre. Les père ou mère qui auront reconnu un enfant naturel lui succéderont s'il n'a pas laissé de postérité. Si les père ou mère sont prédécédés, les biens seulement que les enfants naturels en avaient reçus, passeront aux frères et sœurs légitimes; les autres biens seront recueillis par les frères ou sœurs naturels, et au surplus la loi générale sur les successions sera exécutée.

A la séance du 26 germinal an XI, Chabot (de l'Allier) fit, au nom de la section de législation, un rapport qui s'exprime ainsi sur les droits des enfants naturels :

DROITS DES ENFANTS NATURELS SUR LES BIENS DE LEURS PÈRE ET MÈRE LORSQU'IL Y A DES HÉRITIERS.

L'ancienne législation était injuste et barbare à l'égard des enfants naturels; elle ne leur accordait que de simples aliments, même lorsqu'ils étaient reconnus, et la totalité des biens de leurs père et mère passait, à leur préjudice, aux parents collatéraux les plus éloignés et même au fisc.

Les lois des 4 juin 1793 et 12 brumaire an II tombèrent dans un excès contraire; elles donnèrent aux enfants naturels tous les droits des enfants légitimes.

Le projet de loi a pris un tempérament beaucoup plus équitable et plus moral.

Il n'accorde pas aux enfants naturels les droits et les honneurs de la légitimité; il ne les place pas dans la famille; il ne les appelle même en aucun cas comme héritiers; mais il leur attribue sur les successions de leurs père et mère un droit proportionné à la valeur des biens et dont la quotité se trouve plus restreinte lorsqu'il y a des enfants légitimes, plus étendue lorsqu'il n'y a que des ascendants ou frères ou sœurs, et plus considérable encore lorsque les parents successibles sont à des degrés plus éloignés.

Dans le premier cas, le droit de l'enfant naturel est d'un tiers de la portion héréditaire qu'il aurait eue s'il eût été légitime; dans le second cas, le droit est de la moitié; dans le troisième, il est des trois quarts; mais il ne s'élève jamais à la totalité tant qu'il y a des héritiers légitimes.

Cette mesure concilie parfaitement les droits de la nature avec ce qu'exigent les bonnes mœurs, la faveur due au mariage et les droits de famille.

En cas de prédécès de l'enfant naturel, ses descendants peuvent réclamer les mêmes droits parce qu'ils le représentent.

L'enfant naturel ou ses descendants sont tenus d'imputer sur ce qu'ils ont droit de prétendre tout ce qu'ils ont reçu du père ou de la mère dont la succession est ouverte, et qui serait sujet au rapport d'après les règles établies dans le projet de loi.

Cette disposition est, pour les parents légitimes, une garantie que les enfants naturels n'auront pas plus que la loi ne permet de leur donner.

Les père et mère des enfants naturels pourront les réduire à la moitié de la portion que la loi leur attribue.

Il était convenable de laisser aux pères et mères cette faculté qui retiendra les enfants dans les devoirs de la piété filiale; mais aussi cette faculté devait avoir des limites, pour que les pères et mères n'eussent pas le pouvoir de priver entièrement les enfants naturels de leurs droits.

Quant aux enfants adultérins ou incestueux, la loi ne s'en occupe qu'avec regret. Ils existent, il faut bien qu'elle leur assure des aliments ; mais elle ne leur confère aucun autre droit. Le crime qui leur a donné naissance ne permettait pas de les traiter comme les enfants nés de parents libres.

SUCCESSION AUX ENFANTS NATURELS DÉCÉDÉS SANS POSTÉRITÉ.

La succession de l'enfant naturel qui décède sans postérité doit appartenir au père ou à la mère qui l'a reconnu, ou par moitié à tous les deux s'il a été reconnu par l'un et par l'autre.

L'enfant naturel qui ne laisse pas de descendants n'a aucuns parents légitimes, et suivant le droit commun de la France, ses biens devraient passer au fisc. Il est préférable sans doute qu'il ait pour héritiers ses père et mère, qui, en le reconnaissant, ont rempli les devoirs de la nature et méritent de jouir de tous les droits de la paternité.

Il est également juste qu'en cas de prédécès des père et mère de l'enfant naturel, les biens qu'il en avait reçus retournent aux enfants légitimes, si lui-même n'a pas d'enfants ou descendants.

Mais le surplus de ces biens ne peut également appartenir aux enfants légitimes, parce qu'il ne peut y avoir entre eux et les enfants naturels de successibilité ; ils ne sont pas membres de la même famille.

Les biens que l'enfant naturel n'a pas reçu de ses père et mère sont déférés, s'il n'a pas de postérité, à ses frères ou sœurs *naturels* ou à leurs descendants, et, s'il n'y en a pas, à la république, et il est bien évident que cette successibilité établie entre les frères et sœurs naturels n'est qu'une faveur de la loi, le droit de succéder ne pouvant appartenir qu'aux parents légitimes ; mais la république, qui seule, en ce cas, aurait des droits, peut y renoncer.

Enfin, voici comment le tribun Siméon s'exprima au Corps législatif, dans la séance du 29 germinal an XI, relativement aux droits des enfants naturels sur les biens de leurs père et mère décédés :

Il peut arriver que l'on meure sans descendants, sans ascendants, sans collatéraux : que deviendront les biens? Il y aura lieu alors à la succession *irrégulière*.

On appelle ainsi la succession que la loi défère quand elle ne trouve plus personne dans la famille, qui soit l'héritier légitime et de droit. Ici la succession, qui est, comme nous l'avons vu, d'institution civile, devient encore plus arbitraire, c'est-à-dire plus dépendante de ce droit positif par lequel le législateur, placé entre diverses manières de statuer, choisit l'une plutôt que l'autre, en cherchant néanmoins à se rapprocher autant qu'il le peut des bornes immuables de la justice et de l'équité.

Ces deux sentiments lui indiquent, à défaut de successeurs légitimes, les enfants naturels. Le Code ne les placera pas, comme les lois trop peu morales du 4 juin 1793 et du 12 brumaire an II, à côté des enfants nés d'une union respectable et sanctionnée par toutes les lois domestiques, publiques et religieuses; il ne les honorera pas du titre d'héritiers, il ne leur accordera que des droits; il leur garantira la dette que leur père et leur mère contractèrent en leur donnant la naissance et qu'ils avouèrent en les reconnaissant. Les enfants naturels n'exerceront pas des droits de famille ; ils sont hors de la famille ; mais le sang de leur père et de leur mère coule dans leurs veines ; ce sont les droits du sang que le Code leur adjuge.

Ces droits ne sauraient s'étendre en ligne collatérale aux biens de la famille dont ils ne sont pas; ils se bornent aux biens des père et mère.

A côté des droits héréditaires des descendants légitimes, la créance des enfants naturels se réduit au tiers de la portion qu'ils auraient reçue s'ils eussent été légitimes.

Elle monte à la moitié de cette portion s'il n'y a point de descendants légitimes, mais seulement des ascendants et des frères.

Elle parvient aux trois quarts quand il n'y a que des collatéraux plus éloignés.

Mais jamais l'enfant naturel n'aura la totalité, à moins que l'on ne trouve plus de parents successibles.

Alors il exclura le fisc, qui est aussi un successeur irrégulier, mais le dernier de tous.

Si, pour la tranquillité et le repos de leur famille, les père et mère ont eu soin d'acquitter de leur vivant leur dette envers leur enfant naturel; si, en la payant par anticipation, ils ont déclaré ne vouloir pas qu'il vînt après eux troubler leur succession, le Code maintiendra cette disposition, lors même que ce don anticipé n'arriverait qu'à la moitié de la créance; mais si le don était resté au-dessous de la moitié, l'enfant pourrait en réclamer le supplément.

Une pareille donation est utile, et pour l'enfant naturel, qu'elle fait jouir plus tôt, et pour la famille, qu'elle débarrasse d'un créancier odieux; il est bien de la maintenir, mais sous la condition équitable qu'elle n'aura pas été exclusivement lésive.

Quant aux enfants adultérins ou incestueux, ils n'ont pas même de créance; ils n'ont droit qu'à la pitié; elle ne leur a jamais obtenu que des aliments.

Si nous nous occupons d'eux, ce n'est pas qu'il soit permis de reconnaître les fruits de l'inceste et de l'adultère, comme ceux d'une cohabitation illégitime mais tolérée. Le Code civil a pu permettre l'aveu d'une faiblesse, il ne souffre pas la reconnaissance d'un crime.

Mais, quoique les enfants aldutérins ou incestueux ne puissent être légalement reconnus, leur existence est un fait qui peut quelquefois être évident. Un enfant aura été valablement désavoué par un mari; il aura été jugé le fruit adultère de l'épouse : le crime de sa mère ne saurait le dispenser de lui donner des aliments.

Un homme aura signé comme père un acte de naissance sans faire connaître qu'il est marié à une autre femme que la mère du nouveau-né ou que la mère est sa sœur; il aura voulu faire fraude à la loi. L'enfant, ignorant le vice de sa naissance, se présentera dans la succession pour y exercer les droits d'un enfant naturel; on le repoussera par la preuve qu'il est né d'un père qui ne pouvait légalement l'avouer; mais l'aveu du fait, écrit dans son acte de naissance, lui restera et lui procurera des aliments.

Cette disposition est conforme à l'ancien droit; il était nécessaire de la conserver, car enfin les enfants adultérins ou incestueux n'en sont pas moins des hommes, et tout homme a droit de recevoir au moins des aliments de ceux qui lui ont donné la vie.

La succession aux biens des enfants naturels, s'ils n'ont pas de descendants légitimes, est dévolue aux père et mère qui les ont reconnus.

Si les père et mère sont prédécédés, les biens que les enfants naturels en avaient reçus font retour aux enfants légitimes des père et mère.

Tout le surplus des biens des enfants naturels appartient à leurs frères ou sœurs naturels ou aux descendants de ceux-ci, s'il en existe.

A défaut, l'enfant naturel n'a point d'héritiers réguliers : sa succession appartient à ses héritiers irréguliers, qui sont premièrement ses enfants naturels, si, trop fidèle imitateur des vices de son père, il ne s'est perpétué que d'une manière illégitime; secondement sa femme, et troisièmement la république.

V

LEGISLATION TRANSITOIRE

— 1803-1804 —

La loi du 12 brumaire an II présentait une lacune considérable. Elle ne renfermait aucune disposition sur l'état et les droits des enfants naturels dont les père et mère seraient décédés dans l'intervalle de la publication de cette loi à la publication du Code. Elle avait prononcé sur les successions ouvertes avant le 12 brumaire, sur celles qui s'ouvriraient après la promulgation du Code; elle ne parlait ni ne s'occupait de celles qui pouvaient s'ouvrir dans l'intervalle.

Il y avait là un vide immense. Cela s'explique. En effet, lorsque la loi du 12 brumaire an II fut rendue, un projet de Code existait, il était discuté et en quelque sorte adopté. Si sa publication eût suivi immédiatement la loi du 12 brumaire, la loi sur les droits successifs des enfants naturels eût été complète. Malheureusement le Code ne fut pas immédiatement promulgué, et par suite s'éleva la question de savoir si les droits des enfants naturels aux successions ouvertes depuis le décret du 12 brumaire an II, mais avant la publication du Code civil, devaient être réglés par ce Code ou par le décret du 12 brumaire an II.

Les uns prétendaient que, le décret du 12 brumaire an II ayant admis les enfants naturels aux successions ouvertes *depuis le 14 juillet* 1789, et n'ayant soumis aux règles posées ultérieurement par le Code civil que les successions qui s'ouvriraient depuis sa promulgation, on devait en conclure que, pour les successions ouvertes dans l'intervalle de la publication du décret du 12 brumaire an II à celle du Code civil, les droits des enfants naturels étaient régis par les dispositions du décret de brumaire an II.

Les autres, au contraire, soutenaient que le décret du 12 brumaire an II n'avait statué qu'à l'égard des successions ouvertes depuis le 14 juillet 1789 et jusqu'à sa promulgation; qu'à l'égard des successions ouvertes depuis cette dernière époque, il s'en était référé à ce qui serait établi par le Code civil.

Ce systeme, qui avait été consacré par la jurisprudence, le fut ensuite par la loi transitoire du 14 floréal an XI (4 mai 1803), qui fit cesser toute controverse en fixant les droits des enfants naturels dont les père et mère étaient morts depuis le décret du

12 brumaire an II jusqu'à la promulgation des titres du Code civil sur la paternité et la filiation, *et les successions*.

Avant de donner le texte même de cette loi transitoire, nous devons faire connaître la discussion à laquelle elle donna lieu au Tribunat.

Voici d'abord la rédaction de cette loi communiquée au Tribunat :

Article 1er. — L'état et les droits des enfants nés hors mariage, dont les pères sont morts depuis la promulgation de la loi du 12 brumaire an II jusqu'à la promulgation des titres du Code civil sur la *paternité* et la *filiation* et sur les *successions*, seront réglés de la manière prescrite par ces titres.

Art. 2. — Néanmoins les dispositions entre vifs ou testamentaires faites par acte authentique, antérieures à la promulgation des mêmes titres du Code civil, et dans lesquelles on aurait fixé les droits de ces enfants naturels, seront exécutées, sauf la réduction à la quotité disponible s'il y a des enfants légitimes, et au tiers des biens s'il n'y a pas d'enfants légitimes.

Art. 3. — Les conventions et les jugements passés en force de chose jugée, par lesquels l'état et les droits desdits enfants naturels auraient été réglés, seront exécutés selon leur forme et teneur.

OBSERVATIONS DU TRIBUNAT.

La discussion s'établit sur l'ensemble du projet. Dans l'hypothèse où les principes qui forment la base de ses dispositions dussent être adoptés, ce que la section ne pense pas, ainsi qu'on le dira bientôt, le projet tel qu'il est serait susceptible de deux observations.

La première est relative à l'art. 1er.

Il y est dit :

L'état et les droits des enfants nés hors mariage, dont les pères sont morts depuis la promulgation de la loi du 12 brumaire an II, etc.

Il serait nécessaire de dire : *l'état et les droits des enfants nés hors mariage, dont les pères et mères sont morts*, etc.

Les enfants naturels ont les mêmes droits sur la succession de leur mère, ouverte dans l'intervalle énoncé dans cet art. 1er, que dans la succession de leur père décédé dans le même intervalle. En ne faisant mention que des successions des pères, ce serait laisser subsister une équivoque qu'il serait à propos de faire disparaitre.

La deuxième observation, plus importante, concerne l'art. 2.

Après y avoir dit :

Néanmoins les dispositions entre vifs ou testamentaires faites par acte authentique antérieures à la promulgation des mêmes titres du Code civil, et dans lesquelles on aurait fixé les droits de ces enfants naturels,

Il est ajouté :

Sauf la réduction à la quotité disponible s'il y a des enfants légitimes, et au tiers des biens s'il n'y a pas d'enfants légitimes.

Cette dernière disposition renfermerait une contradiction avec l'art. 40 (757) de la loi sur les successions. Cet article porte : Si le père ou la mère a laissé des ascendants légitimes, ce droit est d'un tiers de la portion héréditaire que l'enfant naturel aurait eue, s'il eût été légitime. Il est de la moitié lorsque les père ou mère ne laissent pas de descendants, ou des frères ou sœurs; il est des trois quarts lorsque les père ou mère ne laissent ni descendants, ni ascendants, ni frères, ni sœurs.

Le projet de loi, en n'adjugeant qu'un tiers à l'enfant naturel, dans le cas où il n'y aurait pas d'enfants légitimes, établirait contre lui une réduction plus forte que ne le fait l'art. 40 (757) qu'on vient de rapporter, auquel on a voulu faire référer l'art. 1er du projet de loi, et qui, dans ce cas, assure les trois quarts à l'enfant naturel. Cette différence ne paraît pouvoir être justifiée par aucun motif.

On remarque encore que l'art. 2 du projet de loi suppose le cas où il y aurait eu en faveur de l'enfant naturel des dispositions entre vifs ou testamentaires qui eussent fixé son sort de la manière la plus avantageuse. Or, dans ce cas, qui semble le rendre plus favorable, il ne paraîtrait pas juste de lui assurer moins que ce que lui adjuge la loi du Code sur les successions, lors même qu'il n'existe aucunes dispositions de la part des père et mère.

Ces observations, on le répète, sont uniquement faites dans l'hypothèse dont on a parlé en commençant ; mais la section croit devoir en proposer de plus sérieuses concernant le principe adopté par le projet de loi.

Ce projet présenterait l'exemple d'une rétroactivité qui est toujours un malheur public, mais dont les législateurs doivent surtout se préserver au moment de la publication du Code civil, dont un des premiers articles consacre le grand principe que les lois ne doivent jamais rétroagir.

Ce projet, en effet, dépouillerait les enfants naturels des droits qui leur ont été bien expressément assurés par la loi du 12 brumaire an II, sur les successions de leurs pères et mères qui s'ouvriraient postérieurement à la publication de cette loi, jusqu'à celle du Code civil, lesquels droits sont bien autres que ceux établis par le Code.

La loi du 12 brumaire, art. 1er, veut que les enfants existants alors soient admis aux successions de leurs pères et mères, ouvertes depuis le 14 juillet 1789.

Elle ajoute :

Ils le seront également à celles qui s'ouvriront à l'avenir, sous la réserve portée par l'art. 10 ci-après :

Voilà deux dispositions : l'une est relative aux successions échues, en remontant jusqu'au 14 juillet 1789 ; l'autre concerne les successions qui s'ouvriront à l'avenir.

Il est vrai qu'il est dit : *sous la réserve portée par l'art.* 10 *ci-après*. Pour apprécier ces expressions, il faut recourir à cet art. 10 ; or, que porte-t-il ?

Qu'à l'égard des enfants nés hors du mariage, dont le père et la mère seront encore existants lors de la promulgation du Code civil, leur état et leurs droits seront en tous points réglés par les dispositions du Code.

Cela eût été de droit, quand il n'y aurait pas eu de disposition, parce qu'une succession ne peut être réglée que par la loi existante à l'époque de son ouverture.

Mais il n'y a pas moins trois cas prévus par la loi ; le premier est celui des successions ouvertes lors de sa promulgation ; le second est celui des successions qui s'ouvriraient à l'avenir; le troisième est celui des successions qui s'ouvriraient après la promulgation du Code civil.

La durée de l'avenir, dont il est parlé dans l'art. 1er, ne pouvait pas être indéfinie, parce que le Code civil devait s'emparer des successions qui écherraient après sa promulgation. On a donc fait, même surabondamment, un troisième temps, ce qui établit plus précisément dans la loi le second cas, qui est celui des successions qui devaient s'ouvrir postérieurement à sa publication, jusqu'à la promulgation du Code civil.

La loi ayant fixé les droits des enfants naturels dans les successions qui s'ouvriraient à l'avenir, ce qui n'a pu être que jusqu'à la promulgation du Code civil, il est impossible de les en priver sans tomber dans le vice de la rétroactivité.

Toutes les lois intervenues depuis sur le droit de successibilité des enfants naturels ont été conçues dans ce sens, et ont dès lors confirmé aux enfants naturels les droits que la loi du 12 brumaire an II leur accordait dans les successions ouvertes depuis sa promulgation jusqu'à celle du Code civil.

L'article 1er de la loi du 15 thermidor an IV est précis à cet égard. Il abroge seulement l'effet rétroactif attribué par l'art. 1er de la loi du 12 brumaire an II, au droit de successibilité des enfants naturels pour les successions ouvertes en remontant jusqu'au 14 juillet 1789, et ce même article dit que : *le droit de succéder à leurs père et mère, accordé aux enfants nés hors le mariage, par la loi du 4 juin 1793, n'aura d'effet que sur les successions échues postérieurement à la publication de ladite loi.*

Par l'art. 4 de la même loi du 15 thermidor an IV, on avait voulu régler une difficulté qui s'éleva sur le droit de succéder, de la part des enfants naturels, à leurs aïeux, par droit de représentation de leurs père et mère. Cet article portait que le droit donné aux enfants naturels et à leurs descendants de représenter leurs père et mère, n'aurait d'effet que par le décès de ces derniers, postérieur à la publication de la loi du 4 juin 1793, et seulement sur les successions ouvertes depuis la publication de celle du 12 brumaire an II.

Cet article excita de nouvelles réclamations, qui provoquèrent la loi du 2 ventôse an IV. Le législateur, considérant que la restriction insérée dans l'art. 4 de la loi du 15 thermidor an IV, laquelle avait pu être prescrite pour l'avenir, emportait pour le passé, dans les successions directes et collatérales ouvertes depuis le 12 brumaire an II jusqu'au 15 thermidor an IV, un effet rétroactif qu'il importait de faire cesser, a ordonné ce qui suit :

Article 1er. — Les enfants nés hors du mariage de personnes libres, à leur défaut leurs enfants et descendants, ont été appelés à recueillir, soit immédiatement de leur chef, soit par représentation de leurs père et mère, les successions directes et collatérales ouvertes depuis la publication de la loi du 12 brumaire an II jusqu'à celle de la loi du 15 thermidor an IV, quoique leurs père et mère fussent morts avant le 4 juin 1793.

Il est facile de voir dans cette loi, ainsi que dans celle du 15 thermidor an IV, qu'elle modifie une confirmation du droit accordé par la loi du 12 brumaire an II aux enfants naturels respectivement aux successions qui s'ouvriraient entre la publication de cette loi et celle du Code civil.

De nouvelles difficultés s'élevèrent sur l'exécution de la loi du 12 brumaire an II, surtout d'après un référé fait au ministre de la justice par le tribunal du département de Saône-et-Loire du 22 nivose an V, qui donna lieu au rapport fait quelque temps après par ce ministre au Directoire.

Mais ces difficultés roulaient principalement sur la question de savoir si, pour les successions ouvertes depuis la loi du 12 brumaire an II, « l'enfant naturel devait avoir une reconnaissance faite devant un officier public, ou s'il suffisait de rapporter les preuves énoncées dans l'art. 8 de cette même loi du 12 brumaire an II, qui paraissaient ne se rapporter qu'au cas où les père et mère seraient décédés avant sa publication.

Il y eut à ce sujet division entre le Conseil des Cinq-Cents et celui des Anciens. Le résultat fut la nécessité de la reconnaissance devant un officier public.

Mais ce qui dispense d'entrer dans aucun détail à ce sujet, et ce qu'il suffit de remarquer, c'est que, plus on était divisé sur l'unique question de savoir s'il fallait ou non une reconnaissance, plus on manifestait la conviction que le droit de successibilité était établi par la loi du 12 brumaire an II; car, si ce droit de successibilité n'eût pas existé, il n'y aurait pas eu de question, il eût été indifférent qu'il y eût ou non une reconnaissance, et il n'y aurait pas eu de préférence à donner un mode de preuve à un autre.

C'est en cet état que des tribunaux, en recueillant une idée jetée à ce sujet par le ministre de la justice dans le référé dont on a déjà parlé, crurent apercevoir dans la loi du 12 brumaire an II une lacune dont on ne s'était point douté jusque-là, relativement aux successions qui devaient s'ouvrir dans l'intermédiaire de la publication de la loi du 12 brumaire an II à celle du Code civil.

La jurisprudence du tribunal de cassation a varié à cet égard, et il paraît que dans les derniers temps, il a cru devoir suspendre les actions des enfants naturels jusqu'à la publication du Code. Certains tribunaux ont jugé dans le même sens ; d'autres, et notamment le tribunal d'appel de Paris, ont décidé différemment en adjugeant les droits qu'ils ont regardés comme constamment attribués par la loi du 12 brumaire an II.

Que voit-on là ? des doutes élevés par certains tribunaux sur un texte précis des lois après l'avoir reconnu. Mais, lorsque le législateur prononce, doit-il recueillir de pareilles incertitudes, et étouffer la lettre et l'esprit de la loi ?

La section est loin d'approuver tous les principes consacrés par la loi du 12 brumaire an II, mais cette loi existe, et, quelque dures que soient ses dispositions, faut-il dépouiller des citoyens des droits dont elle les a évidemment investis ?

Ce serait là une véritable rétroactivité. L'exécution des mêmes lois reconnues mauvaises est le plus sûr garant du respect qui doit environner les bonnes ; et ne devrait-on pas craindre d'affaiblir les sentiments avec lesquels doit être accueilli le Code civil, si au moment de son application on violait ouvertement une des grandes maximes tutélaires gravées sur son frontispice ?

Telles sont les réflexions soumises par la section au Conseil d'État sur cette question qui est de la plus haute importance.

La section croit cependant, même dans sa manière de voir sur les principes qui doivent faire la base du projet de loi, qu'on doit laisser subsister les conventions et les jugements passés en force de chose jugée, qui ont réglé les droits des enfants naturels dans les successions échues avant la publication dudit titre des successions du Code civil.

La loi que les parties se sont faite doit être respectée ; et il serait inconvenant de porter le trouble dans les familles en faisant renaître des constitutions qu'on a voulu assoupir.

Enfin, dans le sens de la section, le droit de successibilité des enfants doit remonter pour les successions directes jusqu'à la publication de la loi du 4 juin 1793

Cette loi proclama le droit de successibilité des enfants naturels pour ces successions à venir, et la loi du 12 brumaire an II y ajouta le droit de successibilité pour les successions collatérales pour l'avenir seulement.

Toute la législation qui a suivi a confirmé aux enfants naturels le droit successible, quant aux successions directes, à compter de la publication de la loi du 4 juin 1793 ; c'est ce qu'on voit dans les lois des 15 thermidor an IV et de ventôse an VI. La rétroactivité dont la loi du 12 brumaire an II était entachée, consistait seulement en ce que ce droit de successibilité était accordé en remontant de la publication de la loi du 4 juin 1793 jusqu'au 14 juillet 1789, et c'est cette rétroactivité qui a été abolie par les lois postérieures.

Dans l'idée que les réflexions de la section seraient adoptées, elle présente la rédaction suivante des dispositions qui doivent faire la matière du projet de loi dont il s'agit :

Article 1er. — Les droits de successibilité attribués aux enfants nés hors mariage par les lois du 4 juin 1789, 12 brumaire an II, 15 thermidor an IV et 2 ventose an VI, peuvent être réclamés par les enfants naturels reconnus par acte authentique antérieur ou postérieur à la publication de la loi du 4 juin 1793 sur les successions directes ouvertes depuis la publication de ladite loi du 4 juin 1793, et sur les successions directes et collatérales ouvertes depuis la publication de la loi du 12 brumaire an II, jusqu'à la publication du titre du Code civil relatif aux successions.

Art. 2. — Néanmoins les conventions, ainsi que les jugements passés en force de chose jugée qui ont réglé les droits des enfants naturels dans les successions échues avant la publication du titre des successions du Code civil, seront exécutés selon leur forme et teneur.

Nota. — D'après la conférence tenue chez l'archi-chancelier de l'empire entre des membres du Conseil d'État et du Tribunat, des considérations puissantes déterminèrent la section de législation du Tribunat à ne pas persister dans ses observations et à se rendre au principe adopté par le projet du Conseil d'État.

Voici le rapport fait au Tribunat sur ce projet de loi par le tribun Huguet dans la séance du 12 floréal an XI :

Tribuns, les enfants nés hors mariage ont beaucoup occupé les précédentes législatures. Une philanthropie excessive a sollicité et même obtenu pour eux un état et des droits auxquels ils ne devaient pas prétendre.

Introduits dans le sein des familles, ils ont été élevés au rang des enfants légitimes ; et, rivalisant avec eux, ils ont été admis au partage égal de toutes successions.

Ce système, il faut en convenir, était fait pour ébranler l'ordre social, *puisqu'il ôtait au mariage la seule prime d'encouragement qui lui restât pour lutter contre la dépravation des mœurs.*

Vous avez été appelés à réparer ces erreurs et à rendre à cette partie de la législation toute sa pureté. Vous l'avez fait en donnant votre assentiment au titre VII du Code civil, *De la paternité et de la filiation*, et au titre 1er du livre III du même Code, *Sur les successions.*

Ces nouvelles lois, par une sage combinaison, ont su allier ce que l'humanité et des sentiments puisés dans la nature, pouvaient réclamer pour ces enfants, avec ce que la raison et une justice sévère exigeaient pour la paix des familles, pour la dignité du mariage et pour les droits sacrés de la morale publique.

Cependant, s'il est possible de dire que cette législation a existé ou plutôt qu'elle était dans l'esprit des législateurs d'alors, il faut en même temps convenir que dans son application elle a éprouvé beaucoup de difficultés et des interprétations différentes, sort assez ordinaire des mauvaises lois.

Sans doute, si ces lois eussent été positives, redigées en termes clairs, précis, sans ambiguïté et sans lacunes, les législateurs actuels, rectifiant ou faisant mieux pour l'avenir seulement, se trouveraient dans l'impuissance de détruire les droits véritablement acquis en vertu de ces lois.

Mais, comme elles ont été interprétées de diverses manières, que leur imperfection est évidente, que depuis longtemps l'explication du législateur est devenue nécessaire, on ne peut craindre en la faisant d'être accusé de rétroactivité ; des dispositions obscures ou contradictoires dans une loi sont réputées non écrites.

Ainsi, maîtres absolus de l'interprétation, vous aurez à examiner si vous devez aujourd'hui la faire tout entière en faveur des enfants naturels, ou si au contraire elle doit être faite d'une manière plus conforme à la morale et à l'intérêt social.

Le gouvernement n'a point hésité pour ce dernier parti par le projet de loi qui vous est présenté, et d'avance je suis convaincu que vous n'hésiterez pas non plus, lorsque je vous aurai démontré qu'effectivement cette législation est imparfaite, qu'il y a des lacunes et des contradictions dans ses dispositions, et surtout qu'elle a éprouvé dans son application des interprétations absolument différentes ; c'est ce que je vais faire le plus brièvement possible.

Ce fut le 4 juin 1793 que la Convention nationale s'occupa du sort des enfants nés hors mariage. Ce jour-là elle décréta qu'ils succéderaient à leurs père et mère dans la forme qui serait déterminée.

Comme vous voyez, il ne fut question alors que des successions des père et mère. Le principe fut décrété, mais il fut d'avance soumis à des formes et à des conditions qui n'étaient point encore déterminées.

Le 24 août suivant 1793, on décréta quelques articles d'un Code civil par lesquels on leur donnait non-seulement les successions de leurs père et mère, mais encore on les admettait au partage égal avec les enfants légitimes, et on leur conférait des droits héréditaires dans les successions collatérales.

Depuis intervint la loi du 12 brumaire an II qui était transitoire à ce Code civil du 24 août 1793.

Elle porte, art. 1er : « Les enfants actuellement existants nés hors mariage seront admis aux successions de leurs père et mère ouvertes depuis le 14 juillet 1789 ; ils le seront également à celles qui s'ouvriront à l'avenir, sous la réserve portée par l'art. 10 ci-après.

L'art. 2 dit : « Leurs droits de successibilité sont les mêmes que ceux des autres enfants.

Les art. 3, 4, 5, 6, 7 et 8 règlent les formes et les conditions des partages faits et à faire, avec différentes modifications qui ont paru alors convenables.

L'art. 9 porte : « Les enfants nés hors du mariage dont la filiation sera prouvée de la manière déterminée ne pourront prétendre aucun droit dans les successions de leurs parents collatéraux ouvertes depuis le 14 juillet 1789, mais à compter de ce jour, il y aura successibilité réciproque entre eux et leurs parents collatéraux, à défaut d'héritiers directs.

Enfin l'art. 10 porte : « A l'égard des enfants nés hors mariage, dont le père et la mère seront encore existants lors de la promulgation du Code civil, *leur état et leurs droits seront en tous points réglés par les dispositions du Code.*

Quant aux autres articles de cette loi, ils sont étrangers à l'objet qui nous occupe, je ne vous en parlerai point.

Depuis, il y a eu une loi qui a rapporté les dispositions rétroactives de celle de brumaire.

Telles sont les dispositions principales de cette loi du 12 brumaire, qui n'était, comme je vous l'ai dit, que transitoire aux articles du Code civil décrété le 24 août précédent.

Mais le lendemain de cette loi transitoire, le 12 brumaire, la Convention nationale suspendit la promulgation de ce Code civil en le renvoyant devant une nouvelle commission de six membres, *pour le réviser et le retoucher, ce sont les termes du décret.*

Il semblait naturel que, puisque la promulgation de ce Code civil était suspendue, le décret transitoire du 12 brumaire dût avoir, par une suite nécessaire, le même sort. Cependant le pouvoir exécutif d'alors le fit promulguer, ce qui obligea les tribunaux à le reconnaître pour loi. C'est ici le temps de vous entretenir des diverses difficultés que cette loi fait naître.

D'abord on soutint qu'il y avait une contradition manifeste entre l'art. 9 et l'art. 10, en ce que l'art. 9 disait qu'à compter dudit jour 12 brumaire, il y aurait successibilité réciproque entre les enfants naturels et leurs parents collatéraux, et que cependant l'art. 10 voulait que l'état et les droits des enfants dont les père et mère étaient alors vivants, fussent réglés par les dispositions du Code; or, disait-on, comment les enfants naturels peuvent-ils avoir des parents collatéraux auxquels ils puissent succéder, puisque leurs père et mère sont existants et que ce n'est que de leur chef et comme représentants qu'ils pourraient se dire parents des collatéraux, et surtout réclamer leur succession? On ne peut pas, ajoutait-on, réclamer des droits d'héritiers par représentation de personnes vivantes, et pour raison de quoi encore on était obligé d'attendre qu'un Code civil fût décrété et qu'il eût fixé l'état et les droits de ces enfants. On les renvoyait donc à ce Code civil à faire; mais il n'est pas moins vrai que c'était de la part des tribunaux une interprétation des dispositions de cette loi évidemment contradictoires.

Ensuite on soutint que cette loi ne donnait des droits qu'aux enfants dont les père et mère étaient décédés à l'époque de cette loi, et seulement dans les successions qui étaient déjà ouvertes à cette époque ; on se fondait sur l'art. 10 de cette loi, qui voulait qu'à l'égard des enfants dont les père et mère étaient existants et dont par conséquent les successions n'étaient pas ouvertes, ou qui n'en pouvaient transmettre en ligne collatérale par leur représentation puisqu'ils vivaient ; on soutenait, dis-je, que l'exercice de leurs droits était suspendu jusqu'à ce qu'un Code civil les eût réglés et déterminés ; qu'on ne pouvait argumenter du Code civil décrété le 24 août, puisque la promulgation en avait été arrêtée, et renvoyée de nouveau à l'examen d'une nouvelle commission chargée de le réviser et de le retoucher ; ce qui le faisait considérer de fait et de droit comme n'existant pas.

Dans le sens contraire, on soutenait que pour connaître l'esprit de cette loi il fallait se placer à l'époque précise du 12 brumaire ; que certes on ne pouvait nier que ce jour-là il était dans l'intention du législateur d'accorder à ces enfants tous droits non-seulement dans les successions ouvertes, mais encore dans celles à ouvrir par la suite ; que si à l'égard de ces dernières successions l'art. 10 renvoyait au Code civil, c'est parce qu'alors ce Code était décrété, que son défaut de promulgation n'empêchait pas de reconnaître l'intention bien manifeste du législateur.

Dans les premiers temps que cette loi parut, plusieurs tribunaux, et celui de cassation lui-même, ont jugé conformément à ce dernier système ; c'est-à-dire que les tribunaux, empiétant sur le pouvoir législatif, ont interprété et expliqué sur des intentions seulement, ce qui, à mon gré, pouvait présenter des difficultés sérieuses dans les deux systèmes.

Mais depuis quatre à cinq ans le tribunal de cassation, mieux instruit, ou plutôt, si l'on veut, dégagé de ce grand enthousiasme pour les enfants nés hors mariage, a reconnu que ces enfants avaient des droits dans les successions ouvertes à l'époque du 12 brumaire an II, mais qu'ils n'en avaient aucun, ou plutôt que l'exercice en était suspendu dans les successions ouvertes depuis ce jour jusqu'à ce qu'ils aient été déterminés et réglés par un Code civil.

Ce tribunal a reconnu que ce n'était point sur des intentions qu'il fallait apprécier cette loi, mais sur les termes qu'elle contenait, et qu'il ne pouvait pas y avoir d'équivoque sur l'art. 10 qui, encore une fois, voulait que les droits de ces enfants fussent réglés et subordonnés aux dispositions du Code civil, que celui du 24 août ne devait pas être consulté parce qu'il n'avait pas le caractère de loi, n'étant pas promulgué et étant d'ailleurs dans le cas d'être révisé et retouché d'après le décret du 12 brumaire.

Enfin on a soutenu qu'il y avait une lacune évidente dans cette loi; qu'il y était bien question des enfants existants, de père et mère existants à l'époque de la promulgation du Code civil, mais qu'elle n'avait rien statué pour les enfants qui naîtraient et les père et mère qui viendraient à décéder et dont les successions s'ouvriraient depuis la loi de brumaire jusqu'au jour de la promulgation du Code civil.

Tel est, Tribuns, l'état de cette législation; il est impossible que vous ne soyez pas convaincus qu'elle contient dans ses diverses dispositions des contradictions et des lacunes, que surtout elles ont été interprétées de diverses manières par les tribunaux, et que, dès lors, il est indispensable de faire cesser cet état de choses en expliquant cette loi.

Aujourd'hui le Code civil est décrété, il est loi en ce qui concerne les enfants nés hors mariage. Que leur a-t-on promis de plus clair par la loi de brumaire an II? Que leur état et leurs droits seraient fixés par le Code civil. — Eh bien! il faut leur donner ce qu'on leur a promis; c'est le but du projet de loi qui vous est présenté.

L'art. 1er est conçu en ces termes :

« L'état et les droits des enfants nés hors mariage dont les père et mère sont morts depuis la promulgation des titres du Code civil *sur la paternité et la filiation* et *sur les suc-*

cessions seront réglés de la manière prescrite par ces titres. »

Ainsi, d'après cette disposition, il n'existera plus d'équivoque ni de doutes.

L'art. 2 porte : « Néanmoins les dispositions entre vifs ou testamentaires antérieures à la promulgation des mêmes titres du Code civil et dans lesquelles on aurait fixé les droits de ces enfants naturels, seront exécutées, sauf la réduction à la quotité disponible aux termes du Code civil, et sauf aussi un supplément, conformément à l'art. 761 de la loi sur les successions, dans le cas où la portion donnée ou léguée serait inférieure à la moitié de ce qui devrait revenir à l'enfant naturel suivant la même loi. »

Il fallait respecter ces dispositions entre vifs et testamentaires, mais les excès dans les libéralités de ce genre au profit de ces enfants ne pouvaient être tolérés ; il était juste de les réduire aux objets disponibles aux termes du Code civil, ou de les augmenter jusqu'à la même concurrence dans le cas où les père et mère n'auraient pas assez fait : ils ne peuvent pas se plaindre de cette disposition, puis qu'encore une fois on a promis de fixer leur état et leurs droits par le Code civil.

Je vous ai dit qu'il y avait des jugements qui avaient été complétement favorables à ces enfants, surtout dès les premiers temps qu'a paru cette législation. Ces jugements ont aujourd'hui la force de chose jugée ; c'est un droit acquis à ces enfants. Anéantir ces jugements ce serait donner un effet rétroactif à la loi, que vous ne pourriez tolérer.

Il a été fait avec quelques-uns d'eux des conventions authentiques : les détruire aussi ce serait mériter le même reproche ; le projet de loi ne le veut pas.

L'art. 3 et dernier porte : « Les conventions et les jugements passés en force de chose jugée, par lesquels l'état et les droits desdits enfants naturels auraient été réglés, seront exécutés selon leur forme et teneur. »

Telles sont, Tribuns, les dispositions du projet de loi qui vous est présenté. Il n'y a point de doute que la loi de brumaire est imparfaite, qu'elle contient et des contradictions et des lacunes; et s'il est vrai de dire que la dernière jurisprudence du tribunal de cassation est conforme à la lettre de l'art. 10 de la loi du 12 brumaire qui a voulu, et je ne saurais trop le répéter, que l'état et les droits de ces enfants nés hors mariage fussent réglés par un Code civil, cependant il y a eu des doutes et il y en a même aujourd'hui, et, malgré la jurisprudence du tribunal de cassation, cette loi est toujours interprétée de diverses manières par les tribunaux; vous devez donc faire cette interprétation, lever par une explication précise tous ces doutes et toutes ces incertitudes. C'est le but du projet de loi dont je vous propose l'adoption. Sans doute, comme l'a dit l'orateur du gouvernement, il serait étrange qu'au moment, pour ainsi dire, où vous venez de tracer les règles pour l'avenir, vous puissiez vous déterminer à en donner une différente pour des intérêts semblables restés indécis jusqu'à ce jour, ce serait jeter de la défaveur sur une loi que vous avez sanctionnée.

Ainsi désormais la législation relative aux enfants nés hors mariage ne sera plus incertaine. Ils ont recueilli ou dû recueillir les successions de leurs père et mère, ouvertes depuis la loi du 4 juin 1793 jusqu'à celle du 12 brumaire an II.

Quant à celles qui se sont ouvertes postérieurement, lorsqu'ils auront été reconnus par un acte authentique (car depuis cette époque la recherche de la paternité est interdite), ils exerceront une créance sur les seules successions de leurs père et mère dont la quotité est déterminée par le chap. IV du titre Ier du IIIe livre du Code civil.

Si ces enfants ont dû inspirer de l'intérêt au législateur, le nouveau Code civil leur a rendu toute la justice qu'ils pouvaient attendre. La société tout entière a aussi ses droits qu'il faut respecter, elle les réclame dans ce moment, et ce serait vous faire injure que de douter un instant du parti que vous allez prendre entre elle et ces enfants.

Votre section de législation, convaincue de l'utilité du projet de loi et de la justice de ses dispositions, m'a chargé de vous en proposer l'adoption.

Au Corps législatif, dans la séance du 14 floréal an XI, le tribun Grenier s'exprima de la manière suivante sur ce projet de loi :

Législateurs, lorsqu'on remonte à l'origine des réunions d'un certain nombre d'hommes en corps social, on remarque de légères nuances entre les enfants naturels et ceux du mariage. Il y avait plusieurs sortes d'unions des deux sexes avouées par la loi. Elles étaient différenciées par des dénominations inconnues chez les peuples modernes.

Ce n'est qu'après s'être formé des idées justes sur la civilisation qu'on a senti que le mariage seul devenait le fondement de toute société civile, et que dès lors il importait de l'honorer par des priviléges exclusifs.

Ainsi, lorsque chez les Romains le concubinage était une union avouée, les enfants qui en étaient le fruit avaient, à très-peu de chose près, les mêmes droits que ceux qui naissaient des unions élevées par la loi à un degré plus éminent.

Dans la suite, le concubinage n'étant plus toléré, la loi civile qui, en général, règle tout ce qui tient à la transmission des biens, ne protégea que la seule union formée sous les conditions qui lui conféraient les prérogatives du mariage. En conséquence, les législateurs romains tracèrent une ligne de démarcation qui plaçait à une très-grande distance les enfants naturels des enfants légitimes; on peut même accuser d'une espèce de dureté leur législation qui, jusqu'à la révolution, a été en général le fondement de la jurisprudence française. Je m'abstiendrai de la rappeler parce qu'elle vous est suffisamment connue.

En 1795, la Convention nationale crut devoir corriger cette

législation dans laquelle elle voyait un outrage fait à la nature; mais il arriva ce qu'on devait attendre d'une réforme entreprise au milieu de l'effervescence produite par les orages politiques. Si les lois antérieures avaient fait trop peu pour les enfants naturels, la législation nouvelle fit beaucoup trop. En les plaçant à côté des enfants légitimes, on avilissait le mariage, on méconnaissait un des plus grands intérêts de la société.

Le Code civil a pris un juste milieu entre l'ancienne et la nouvelle législation: il leur a accordé les avantages que la nature et l'humanité semblent solliciter pour eux, mais ces avantages ont été balancés avec ce qui était dû à la dignité du mariage. En sorte qu'ils peuvent se consoler de leur état et se dispenser d'envier, sous le rapport de l'intérêt, le sort des enfants légitimes. Ils n'ont pu être décorés du titre d'héritiers, mais ils ont eu un droit, à titre de créance, sur les successions de leurs père et mère, qui varie selon la qualité, des successibles qui concourent avec eux et qui, à défaut de successibles, reçoit la plus grande étendue; ce droit est tellement présent à vos esprits qu'il serait inutile d'en faire le rapport.

Mais il restait aux législateurs une autre tâche à remplir; il résultait de la loi du 12 brumaire an II une difficulté considérable sur le sort des enfants naturels, dont les père et mère étaient morts depuis la publication de cette loi jusqu'à celle du Code civil. Cette difficulté avait partagé non-seulement les hommes de loi, mais encore les tribunaux, et l'embarras était tel que le tribunal même de cassation n'avait pu faire jaillir une lumière capable de dissiper l'obscurité, et de fixer l'opinion des tribunaux qui sont accoutumés à regarder ses décisions comme des oracles. Un tel état de choses demandait sans doute une loi explicative, et tel est l'objet du projet soumis à votre sanction.

Dans l'intention qui a dirigé ce projet, on accorde aux enfants naturels qui sont dans la position dont je viens de parler, les mêmes droits que le Code civil confère pour l'avenir aux enfants naturels, en respectant néanmoins l'autorité des jugements passés en force de chose jugée et la foi des conventions qui pourraient leur assurer un droit supérieur à celui que leur donne le Code civil.

Mais, comme ces droits sont moindres que ceux que la loi du 12 brumaire an II avait établis en faveur des enfants naturels, et que, s'il était vrai que ces derniers droits eussent été acquis, d'après cette même loi aux enfants naturels dont il s'agit, on ne pourrait aujourd'hui les leur ravir sans tomber dans le vice de rétroactivité, le législateur doit regarder comme un devoir sacré de prouver au peuple français que le projet de loi en question ne rétroagit point sur le passé, ou, ce qui est de même, que le sort des enfants naturels dont les père et mère sont décédés dans l'intervalle de la publication de la loi du 12 brumaire à celle du Code civil, n'est point fixé par cette loi, et qu'elle contient une lacune à leur égard, qui doit être remplie, d'où il résultera la nécessité et la justice tout à la fois du projet de loi soumis à la discussion.

Pour parvenir à cette preuve, je n'entrerai pas dans le détail de tous les raisonnements qui ont été faits de part et d'autre; ce serait la matière d'un volume. En me fixant à des points capitaux, j'espère vous démontrer l'existence de la lacune que je vous ai déjà annoncée.

La loi du 12 brumaire n'a eu d'autre objet que de fixer les droits des enfants naturels existant à l'époque de sa publication et dont le père et la mère étaient déjà décédés. Si elle a parlé d'autres enfants naturels, c'est seulement de ceux dont les père et mère seraient encore existants lors de la promulgation du Code civil. Elle les a rappelés occasionnellement pour les renvoyer aux dispositions de ce Code, et parce qu'il était de toute évidence que les droits qui s'ouvriraient sous l'empire du Code ne pouvaient être réglés que par ses dispositions. Dès lors la loi est muette sur les successions qui pourraient s'ouvrir entre sa publication et celle du Code civil.

C'est une vérité dont on est convaincu en lisant successivement et avec attention tous les articles qui composent cette loi.

En effet, l'art. 1er est ainsi conçu :

« Les enfants actuellement existants nés hors du mariage seront admis aux successions de leurs père et mère ouvertes depuis le 14 juillet 1789. »

Il est dit à la vérité dans un second paragraphe :

« Ils le seront également à celles qui s'ouvriront à l'avenir sous la réserve portée par l'art. 10 ci-après. »

On est forcé de convenir que ce second paragraphe ne peut s'appliquer, comme le premier, aux enfants dont les père et mère étaient alors décédés, puisqu'en parlant des successions qui s'ouvriraient à l'avenir, on supposait nécessairement que les père et mère étaient alors vivants. Mais aussi est-il certain que ce même paragraphe second ne se rapportait pas pour cela aux enfants dont les père et mère décéderaient dans l'intervalle de la loi du 12 brumaire à la publication du Code civil, parce que la disposition de ce paragraphe 2 est restreinte par ces mots : sous la réserve portée par l'art. 10, et en consultant cet article, on voit qu'il y est seulement fait mention des enfants nés hors du mariage, dont le père et la mère seraient encore existants lors de la promulgation du Code civil, et il y est dit que leur état et leurs droits seront en tous points réglés par le Code civil.

Le sort des enfants naturels existants lors de la loi, et dont le père et la mère étaient décédés, est donc le point de départ de l'art. 1er de la loi, et, soit qu'on veuille seulement arriver à l'art. 10, soit qu'on veuille aller après cet article, nulle part il est parlé de la successibilité des enfants dont les père et mère décéderaient dans l'intervalle de la publication de la loi du 12 brumaire à celle du Code civil.

Lors même que le deuxième paragraphe de l'art. 9 dit :

« Mais à compter de ce jour, il y aura successibilité réciproque entre eux (enfants naturels) et leurs parents collatéraux, à défauts d'héritiers directs. » Cela ne peut s'entendre encore que des enfants naturels dont les père et mère étaient décédés lors de la loi, puisque ce paragraphe second a en vue les mêmes enfants naturels rappelés dans le paragraphe 1er, et que ce paragraphe 1er se réfère entièrement à l'art. 8, qui ne peut être appliqué, de l'aveu de tout le monde, qu'aux enfants naturels dont les père et mère étaient décédés. Cet art. 8 prescrit la manière dont la possession d'état de ces enfants serait établie.

Il n'est pas étonnant que l'on ne trouve dans la loi du 12 brumaire aucune disposition relative aux successions des père et mère qui décéderaient entre la publication de cette loi et celle du Code, quand on sait que lors de la loi un Code était prêt, qu'il avait été discuté, qu'il pouvait être adopté le lendemain. Cet intermédiaire n'existait point dans la pensée des législateurs d'alors. Ils ne voyaient que deux sortes d'enfants, ceux dont les père et mère étaient décédés et ceux dont les père et mère décéderaient seulement après la publication du Code ; l'événement inattendu alors du retard de la publication du Code a ouvert seul une lacune, mais elle n'existe pas moins de fait, et il s'est trouvé une longue période de temps pour laquelle il n'y a point eu de loi.

Deux réflexions encore achèveront de porter cette vérité jusqu'à la démonstration. En premier lieu, il y a sans doute eu des enfants naturels nés depuis la promulgation de la loi du 12 brumaire et dont les père et mère sont aussi décédés depuis cette époque. Or, pourrait-on dire que ce cas ait été prévu par cette loi et qu'elle ait réglé le sort de ces enfants? Dès que la loi est muette à cet égard, quelle conséquence doit-on en tirer? C'est qu'elle l'a été aussi sur le sort des enfants nés avant la publication de la loi, mais dont les père et mère viendraient à décéder seulement après et avant la publication du Code civil.

En second lieu, personne n'ignore les difficultés inextricables qui se sont élevées sur le mode de prouver la filiation des enfants naturels dont les père et mère sont décédés après la promulgation de la loi du 12 brumaire an II. Devaient-ils avoir une reconnaissance faite devant l'officier de l'état-civil ou devant un officier public quelconque, ou bien leur suffisait-il de rapporter des écrits publics et privés du père ou de prouver des soins donnés à titre de paternité et sans interruption tant à leur entretien qu'à leur éducation, ainsi qu'il est dit dans l'art. 8, qui avait seulement en vue les enfants dont les père et mère étaient morts lors de la publication de la loi? Le Conseil des Cinq-Cents et celui des Anciens ont été divisés sur cette question; et, quelque parti qu'ait adopté ensuite une jurisprudence qui ne pouvait se former qu'au milieu des incertitudes, concluons de cela même que la loi n'avait pas prévu le cas que quelques personnes croyaient y avoir décidé; car comment pouvoir penser qu'elle eût voulu régler l'état et les droits des enfants naturels qui étaient dans la position dont il s'agit, dès qu'elle ne s'expliquait point sur ce qui devait d'abord l'occuper, c'est-à-dire sur le mode d'établir la filiation de ces enfants?

Mais venons à un point de fait important, qui seul justifie le projet de loi soumis à votre sanction.

Je veux parler du doute qui s'est formé dans les tribunaux sur cette question, et qui a augmenté successivement, au point que les organes de la justice ont senti qu'ils ne pouvaient pas appliquer une loi qui n'existait pas, et la justice, sur ce point, a été comme paralysée.

Vous savez, législateurs, que cet état de choses, que je n'explique point en détail parce qu'il vous est suffisamment connu, a mis la France entière dans une ferme conviction qu'on était, à cet égard, sans législation, et elle a attendu une loi déclarative. Nous pouvons dire, en effet, qu'il n'y eut jamais de cas où l'on ait plus éprouvé la nécessité de l'intervention d'une loi de cette nature, et il est devenu du devoir du législateur de la porter.

Après ces explications, ma tâche est remplie; étant décidés pour la nécessité d'une loi nouvelle, vous le serez sans doute pour les dispositions de celle qui vous est présentée.

L'art. 1er porte : « L'état et les droits des enfants nés hors mariage dont les père et mère sont morts depuis la promulgation de la loi du 12 brumaire an II jusqu'à la promulgation des titres du Code civil sur la paternité et la filiation et sur les successions, seront réglés de la manière prescrite par ces titres. »

Il était dans les idées de justice et de convenance de faire aux enfants qui sont dans la position prévue par le projet de loi un sort égal à celui que le Code civil assure pour l'avenir aux enfants naturels. Ceux qui sont l'objet du projet de loi doivent sans doute être satisfaits, et il en résultera, de plus, une uniformité dans l'exercice des droits des enfants naturels bien préférable à une variation qui ne peut produire que des mécontentements.

Dans l'art. 2 on prévoit le cas où il y aurait en faveur de ces enfants des dispositions entre vifs et testamentaires. Elles devaient avoir un régulateur, puisque, suivant la loi civile, ces individus n'ont pas eu une capacité absolue de recevoir à titre de donation et de testament, et ce régulateur est toujours le Code civil, en sorte qu'en cas d'excès, il y aura une réduction aux taux prescrits par le Code, et qu'en cas d'une disposition moindre, il sera accordé un supplément pour l'atteindre.

L'art. 3 s'explique ainsi : *Les conventions et les jugements passés en force de chose jugée par lesquels l'état et les droits desdits enfants naturels auraient été réglés seront exécutés selon leur forme et teneur.*

Cette disposition est conforme à un principe de droit public qu'il n'est pas inutile de rappeler.

Lorsqu'une loi interprétative devient nécessaire, les contestations qui s'étaient élevées sur l'application de la loi obscure et qui ne sont pas définitivement jugées doivent l'être d'après la loi déclarative ou interprétative.

Mais, s'il y a eu des jugements qui aient l'autorité de la chose jugée, alors les droits sont acquis aux parties ; ils ne peuvent plus être sous l'empire du législateur ; tout est consommé. On ne pourrait les dépouiller de ces droits sans tomber dans le vice de la rétroactivité.

Les mêmes motifs engagent à respecter les transactions ou autres conventions passées entre les parties intéressées ; elles doivent se tenir à la loi qu'elles se sont faite.

Je viens, législateurs, de vous rappeler les réflexions qui ont déterminé l'assentiment du Tribunat pour le projet de loi. La question de savoir s'il y avait ou non rétroactivité a été une de celles qu'il a le plus scrupuleusement examinées, et le projet de loi n'a pas paru lui en présenter.

Sous quelque point de vue qu'il ait pu considérer les dispositions de la loi du 12 brumaire, il n'aurait pas adhéré à une loi qui eût dépouillé des individus des droits qu'une loi précédente leur aurait assurés. Ainsi que vous, il ne perdra jamais de vue le grand principe tutélaire qui vient d'être gravé sur le frontispice du Code civil : que la loi ne dispose que pour l'avenir, qu'elle n'a point d'effet rétroactif.

Pour ne point affaiblir le respect dû en général aux lois, il faut savoir se dévouer à l'exécution même de celles qu'on croirait ne porter tous les caractères de la sagesse et attendre une réforme qui arrive tôt ou tard.

Ainsi, en accordant votre sanction au projet de loi, en même temps que vous serez à l'abri du reproche de rétroactivité, vous aurez concilié ce qui était dû à la société et aux individus, vous aurez honoré le mariage et protégé les mœurs.

Voici enfin le discours que prononça Treilhard au Corps législatif à propos du projet de loi transitoire :

Le projet, dont vous venez d'entendre la lecture, ne présente que trois articles : le premier, seul, exige une explication.

L'état et les droits des enfants naturels dont les père et mère sont morts depuis la promulgation de la loi du 12 brumaire an II jusqu'à la promulgation des titres du Code civil sur la paternité et la filiation et sur les successions, seront réglés de la manière prescrite par ces titres.

La première question qui se présente est celle de savoir si les lois antérieures avaient déjà prononcé sur cet objet. S'il existe en effet sur ce point quelque disposition légale, nous n'avons plus à nous en occuper. Si, au contraire, nous ne connaissons pas de règle qui ait fixé l'état et les droits des enfants naturels dont les père et mère seraient morts depuis le 12 brumaire an II, on ne peut trop se hâter d'en faire une. Celle que nous proposons est sans contredit la plus juste, la plus naturelle, la seule même qu'on puisse raisonnablement présenter. Si, comme on ne saurait en douter, vous avez réglé avec sagesse les droits des enfants naturels sur les successions à venir, pourquoi feriez-vous un réglement contraire pour les droits encore indécis sur les successions ouvertes par le passé?

Nous n'avons donc ici qu'un fait à vérifier : existe-t-il ou non une disposition sur l'état et les droits des enfants naturels dont les père et mère sont morts depuis la loi du 12 brumaire an II et antérieurement à la publication du Code?

Ceux qui supposent l'existence d'une loi sur cette matière, la trouvent, ou, pour parler plus juste, la cherchent dans un décret de la Convention du 4 juin 1793, et dans la loi même du 12 brumaire.

Le décret du 4 juin 1793 dit que les enfants naturels succéderont à leurs père et mère dans la forme qui sera déterminée.

Voilà, dit-on, un droit de successibilité acquis aux enfants nés hors mariage. Mais on répond d'une autre part : le mode de successibilité doit être réglé par les lois postérieures ; s'il ne l'a pas encore été jusqu'à ce jour, il faut y pourvoir. La question de fait reste donc entière.

Examinons actuellement les dispositions de la loi du 12 brumaire.

L'article 1er est ainsi conçu :

« Les enfants *actuellement existants*, nés hors mariage, seront admis aux successions de leurs père et mère ouvertes depuis le 14 juillet 1789.

« Ils le seront également à celles qui s'ouvriront à l'avenir, sous la réserve portée par l'art. 10 ci-après. »

Ainsi l'article distingue très-expressément les enfants *actuellement existants* et les *successions ouvertes depuis le 14 juillet* 1789 des enfants qui pourront naître et des successions *qui s'ouvriront à l'avenir*.

Les enfants naturels, *actuellement existants*, qui sont admis par le premier paragraphe aux successions déjà ouvertes, ils ne sont admis aux successions qui s'ouvriront à l'avenir que sous les réserves portées en l'art. 10 ci-après : il faut donc, pour connaître leurs droits, recourir à l'art. 10.

Les articles 2 et suivants règlent le mode de successibilité des enfants naturels dans les successions déjà ouvertes, ainsi que la manière dont ils pourront constater leur état et leurs droits dans ces successions.

Vient enfin l'art. 10 qui doit prononcer sur les successions non encore ouvertes et sur les enfants non existants à cette époque. Voici cet article :

« A l'égard des enfants nés hors mariage, dont le père et la mère seront encore existants lors de la promulgation du Code civil, leur état et leurs droits seront en tous points réglés par les dispositions du Code. »

Il est évident que cet article ne présente aucune disposition sur l'état et les droits des enfants naturels dont les père et mère seront décédés dans l'intervalle de la publication de la loi du 12 brumaire à la publication du Code, et, comme il n'est pas moins constant que l'art. 1er n'a disposé que sur le sort des enfants naturels lors existants et dont les père et mère étaient déjà décédés, la lacune dans la loi est sensible. Elle a prononcé sur les successions ouvertes avant le 12 brumaire, sur celles qui s'ouvriront après la publication du Code ; elle est muette sur celles qui pouvaient s'ouvrir dans l'intervalle.

On demande comment il est possible que la loi présente un vide de cette nature, et qu'embrassant dans ses dispositions les successions ouvertes avant le 12 brumaire et celles ouvertes depuis la publication du Code, elle n'ait rien statué sur les autres.

Citoyens législateurs, ce n'est pas à moi à expliquer les causes de ce silence ; il suffit, pour mériter votre attention, qu'il soit réel. Je pourrais cependant observer qu'il n'est pas aussi étonnant qu'il peut le paraître au premier coup d'œil. Lorsque la loi du 12 brumaire fut rendue, un projet de Code existait ; il était discuté, adopté même en quelque manière, et la publication en paraissait si assurée, si prochaine, qu'on pouvait regarder comme inutile toute disposition sur les successions des père et mère des enfants naturels, qui s'ouvriraient entre la publication de la loi du 12 brumaire et celle du Code ; mais l'événement trompa les espérances des législateurs ; et la loi du 12 brumaire, qui eût pu suffire si elle eût été immédiatement suivie du Code, comme on s'en était flatté, se trouve réellement très-insuffisante, et offre dans le fait une vaste lacune, puisqu'elle n'a aucune disposition sur l'état et les droits des enfants naturels nés depuis le 12 brumaire, ni sur les successions des père et mère décédés depuis cette époque et avant la publication du Code.

C'est cette lacune qu'on propose de remplir. Son existence est une vérité à laquelle il est impossible de se refuser, et qui est encore plus démontrée par les efforts mêmes de ceux qui ont soutenu l'opinion contraire. Ils n'indiquent pas, dans la loi du 12 brumaire, à l'appui de leur système, d'autres textes que ceux dont j'ai parlé ; ils ne prétendent pas que des lois postérieures aient suppléé au silence de la loi du 12 brumaire : s'ils avaient en effet quelque disposition en leur faveur, il leur suffirait de la montrer, et la question serait décidée. C'est seulement par des inductions, par des raisonnements, par des faits depuis survenus, qu'ils tâchent de parvenir à montrer dans la loi du 12 brumaire ce qui n'y est pas en effet. Mais des raisonnements, des inductions, des faits, ne peuvent pas tenir lieu dans une loi d'une disposition qui n'y est pas écrite, je pourrais même dire d'une disposition qu'on n'a pas eu l'intention d'y insérer, parce qu'on la jugeait inutile, dans l'espérance d'une loi, qu'on croyait alors très-prochaine, mais qui n'est pas intervenue.

Il est arrivé depuis, comme dans mille autres occasions, que des intérêts particuliers, quelquefois très-grands, ont produit, sur des contestations occasionnées par le silence de la loi, des discussions plus ou moins lumineuses, plus ou moins subtiles, et il y a eu, de l'aveu de tout le monde, une grande diversité d'opinions sur l'état et les droits des enfants naturels dont les père et mère sont morts depuis le 12 brumaire. Les tribunaux ont jugé diversement, quelques-uns se sont abstenus de juger et ont demandé des explications. Le tribunal de cassation a aussi varié sur cette question comme les autres. Le Directoire a fait des messages au Corps législatif, le Conseil des Cinq-Cents et celui des Anciens n'ont pas été d'accord ; enfin, depuis quelques années, les décisions définitives sont suspendues dans l'attente d'une loi.

De tout cela que résulte-t-il? Qu'il n'y a pas, en effet, dans la loi du 12 brumaire, de dispositions sur les droits des enfants naturels dont les père et mère sont morts depuis cette époque. S'il en avait existé une, tant de personnes, recommandables par leurs talents, leurs lumières et leur moralité, n'auraient pas été divisées sur le fait de son existence : il a donc fallu vous présenter un projet qui terminât enfin toutes les contestations sur cette partie. Ce n'est pas par des lois présumées que le sort des citoyens peut être réglé ; et, quelque fâcheux que soit le défaut d'une disposition dans la loi du 12 brumaire, par la longue incertitude dans laquelle les citoyens ont été depuis retenus, la supposition d'une loi qui n'a pas existé, en effet, serait encore plus fâcheuse.

Je n'ai plus actuellement qu'à m'occuper de la disposition de la loi en elle-même, puisqu'il est démontré qu'il en faut une. Si vous appliquez aux enfants naturels nés depuis la loi du 12 brumaire, et aux successions des père et mère ouvertes depuis ce moment, les dispositions de cette loi, faite uniquement pour les enfants naturels alors existants et pour les successions déjà ouvertes, vous excitez les réclamations des héritiers légitimes, qui prétendent que leurs droits ne furent pas assez respectés ; si vous appliquez, au contraire, les dispositions du Code que vous venez de sanctionner, vous excitez les réclamations des enfants naturels, qui seraient traités avec plus de faveur par des dispositions pareilles à celles de la loi du 12 brumaire an II.

Dans cette position, quel parti doit prendre le législateur? S'élever au-dessus de toutes les considérations particulières et ne consulter dans le règlement qu'il va faire que le plus grand intérêt de la société.

C'est dans cet esprit que vous venez de fixer pour l'avenir l'état et les droits des enfants naturels; vous avez prononcé après les réflexions les plus profondes et entourés des lumières de dix ans d'expérience.

Ne serait-il pas étrange qu'au moment, pour ainsi dire, où vous venez de tracer la règle pour l'avenir, vous puissiez vous déterminer à en donner une différente pour des intérêts semblables restés indécis jusqu'à ce jour? Ce serait une contradiction dans laquelle vous êtes incapables de tomber; ce serait même, en quelque manière, jeter de la défaveur sur la loi que vous avez sanctionnée.

Cette première disposition du projet une fois justifié, j'ai peu de choses à dire sur les deux autres; je pourrais même me dispenser de les rappeler.

L'article 2 maintient les dispositions entre vifs ou testamentaires par lesquelles les père et mère des enfants naturels auraient pu finir leurs droits; nous avons pensé qu'il fallait respecter la sollicitude des parents qui, dans le silence de la loi du 12 brumaire, avaient pourvu au sort de leurs enfants; cependant il nous a paru convenable de préparer un recours contre les excès dans lesquels aurait pu jeter une passion désordonnée; les libéralités excessives seront réduites à la quotité disponible aux termes du Code civil, et les dispositions trop parcimonieuses seront augmentées suivant les dispositions du même Code relatives aux enfants naturels.

Enfin les conventions des parties et les jugements passés en force de chose jugée sont maintenus: il est sage d'ordonner l'exécution de tout ce qui a été réglé définitivement, quand il n'existait pas de loi. Celle que vous ferez réglera tout ce qui n'est pas déjà terminé; elle serait contraire à la tranquillité des familles et au bon ordre, si elle portait atteinte aux droits irrévocables acquis avant sa publication.

Tels sont, citoyens législateurs, les motifs du projet que nous avons été chargés de vous transmettre. Ils se réduisent à un mot : il n'existe pas de loi qui ait réglé l'état et les droits des enfants naturels, dont les père et mère sont morts dans l'intervalle de la publication de la loi du 12 brumaire an II à la publication du Code; il a donc fallu en faire une.

La loi que nous proposons est sage, puisque c'est la même que celle déjà par vous adoptée pour le règlement de droits semblables. Votre sanction mettra enfin un terme à des incertitudes trop prolongées et à des contestations malheureusement trop multipliées.

C'est après cette discussion que, le 14 floréal an XI, fut rendue la loi relative au mode de règlement de l'état et des droits des enfants naturels, dont les pères étaient morts depuis la loi du 12 brumaire an II, jusqu'à la promulgation des titres du Code civil sur la paternité et la filiation et sur les successions. Cette loi dispose ainsi :

Article 1er. — L'état et les droits des enfants nés hors mariage, dont les père et mère sont morts depuis la promulgation de la loi du 12 brumaire an II jusqu'à la promulgation des titres du Code civil sur la paternité et la filiation et sur les successions, seront réglés de la manière prescrite par ces titres.

Art. 2.—Néanmoins les dispositions entre vifs ou testamentaires antérieures à la promulgation des mêmes titres du Code civil, et dans lesquelles on aurait fixé les droits de ces enfants naturels, seront exécutées sauf la réduction à la quotité disponible aux termes du code civil, et sauf aussi un supplément conformément à l'article 51 de la loi sur les successions, dans le cas où la portion donnée ou léguée serait inférieure à la moitié de ce qui devrait revenir à l'enfant naturel suivant la même loi.

Art. 3. — Les conventions et les jugements passés en force de chose jugée, par lesquels l'état et les droits desdits enfants naturels auraient éte réglés, seront exécutés selon leur forme et teneur.

VI

LÉGISLATIONS ACTUELLES DE L'EUROPE

FRANCE

CODE NAPOLÉON

CHAPITRE IV. — DES SUCCESSIONS IRRÉGULIÈRES.

Décrété le 29 germinal an XI (19 avril 1803) et promulgué le 9 floréal (29 avril).

SECTION PREMIÈRE.

Des droits des enfants naturels sur les biens de leurs père ou mère et de la succession aux enfants naturels décédés sans postérité.

Art. 756. — Les enfants naturels ne sont point héritiers; la loi ne leur accorde de droits sur les biens de leurs père ou mère décédés, que lorsqu'ils ont été légalement reconnus.

Elle ne leur accorde aucun droit sur les biens des parents de leurs père ou mère.

Art. 757. — Le droit de l'enfant naturel sur les biens de ses père ou mère décédés, est réglé ainsi qu'il suit :

Si le père ou la mère a laissé des descendants légitimes, ce droit est *d'un tiers* de la portion héréditaire que l'enfant aurait eue s'il eût été légitime;

Il est *de la moitié* lorsque les père ou mère ne laissent pas de descendants, mais bien des ascendants ou des frères ou sœurs;

Il est des *trois quarts* lorsque les père ou mère ne laissent ni descendants, ni ascendants, ni frères ni sœurs.

Art. 758. — L'enfant naturel a droit à la totalité des biens, lorsque ses père ou mère ne laissent pas de parents au degré successible.

Art. 759. — En cas de prédécès de l'enfant naturel, ses enfants ou descendants peuvent réclamer les droits fixés par les articles précédents.

Art. 760. — L'enfant naturel ou ses descendants sont tenus d'imputer sur ce qu'ils ont droit de prétendre, tout ce qu'ils ont reçu du père ou de la mère dont la succession est ouverte, et qui serait sujet à rapport d'après les règles établies à la section II du chapitre IV du présent titre.

Art. 761. — Toute réclamation leur est interdite, lorsqu'ils ont reçu, du vivant de leur père ou de leur mère, la moitié de ce qui leur est attribué par les articles précédents, avec déclaration expresse de la part de leurs père ou mère, que leur intention est de réduire l'enfant naturel à la portion qu'ils lui ont assignée.

Dans le cas où cette portion serait inférieure à la moitié de ce qui devrait revenir à l'enfant naturel, il ne pourra réclamer que le supplément nécessaire pour parfaire cette moitié.

Art. 762. — Les dispositions des art. 757 et 758 ne sont pas applicables aux enfants adultérins ou incestueux.

La loi ne leur accorde que des aliments.

Art. 763. — Ces aliments sont réglés, eu égard aux facultés du père ou de la mère, au nombre et à la qualité des héritiers légitimes.

Art. 764. — Lorsque le père ou la mère de l'enfant adultérin ou incestueux lui auront fait apprendre un art mécanique, ou lorsque l'un d'eux lui aura assuré des aliments de son vivant, l'enfant ne pourra élever aucune réclamation contre leur succession

Art. 765. — La succession de l'enfant naturel décédé sans postérité est dévolue au père ou à la mère qui l'a reconnu, ou par moitié à tous les deux s'il a été reconnu par l'un et par l'autre.

Art. 766. — En cas de prédécès des père et mère de l'enfant naturel, les biens qu'il en avait reçus passent aux frères et sœurs légitimes, s'ils se retrouvent en nature dans la succession : les actions en reprise, s'il en existe, ou le prix de ces biens aliénés, s'il est encore dû, retournent également aux frères et sœurs légitimes. Tous les autres biens passent aux frères et sœurs naturels, ou à leurs ascendants.

ANGLETERRE

En Angleterre, la reconnaissance d'un enfant illégitime ne lui confère aucun droit civil; elle ne lui donne qu'un nom.

La loi ne reconnaît aucun lien civil entre le père putatif et l'enfant illégitime.

Un enfant naturel est *quasi nullius filius;* il n'a aucun droit sur les biens soit réels, soit personnels de ses parents morts *intestat*, à moins qu'il n'ait été légitimé par acte du parlement, seul mode de légitimation admis en Angleterre. Dans ce cas, les droits de l'enfant naturel dépendent des termes de l'acte du parlement plutôt que des dispositions des lois sur les successions.

La succession de l'enfant naturel qui meurt *intestat* et sans postérité, appartient tout entière à la couronne, à moins qu'il ne laisse une veuve; cette dernière a droit à un douaire.

AUTRICHE

D'après le code autrichien, les enfants naturels ne jouissent pas en général des droits de famille et de parenté.

Ils n'ont aucun droit au nom de leur père, à sa noblesse, ni à ses armes, ni aux priviléges de parents.

Ils portent les noms de famille de la mère.

Les père et mère des enfants naturels sont obligés de les nourrir, de les entretenir, de les faire élever, et de leur procurer un établissement, le tout en rapport avec leur fortune. Ils peuvent s'entendre au sujet de l'entretien, de l'éducation et de l'établissement de leurs enfants illégitimes, mais cet accord ne peut nuire aux droits de ces derniers.

A défaut du père, c'est la mère qui doit les entretenir. Elle a le droit de les garder auprès d'elle tant qu'elle a les moyens de les élever convenablement. Et dans ce cas même, le père doit payer les frais d'entretien.

L'obligation de soigner et d'établir les enfants naturels passe aux héritiers des père et mère.

Les enfants naturels ne sont pas sous la puissance paternelle de leur père; ils sont placés sous la protection d'un tuteur.

DROIT COMMUN ALLEMAND

Dans le droit commun allemand, les enfants naturels succèdent à leur mère, aux ascendants et aux collatéraux de la mère, comme les enfants légitimes.

Si le père de l'enfant naturel décède sans laisser de femme ni d'enfants légitimes, l'enfant naturel a droit à la sixième portion de ses biens, qu'il partage avec sa mère.

Si l'enfant naturel ne laisse pas de postérité, sa succession est dévolue à sa mère, et, à défaut de la mère, à ses parents les plus proches.

Il est permis de disposer par testament au profit des enfants naturels de tout ou partie des biens.

Les enfants adultérins ou incestueux sont incapables de succéder à leurs père et mère.

GRAND DUCHÉ DE BADE

Dans le Grand-Duché de Bade les enfants naturels, qui ont été reconnus après la naissance d'enfants légitimes, ne peuvent se prévaloir de leurs droits tant qu'il existe des enfants légitimes ou leurs descendants.

Les dettes de la succession ne sont point à la charge

des enfants naturels, seulement les héritiers ont le droit de les déduire de sa part.

Les enfants naturels non reconnus ont droit à des aliments.

BAVIÈRE

CODE BAVAROIS

D'après le Code bavarois, les enfants n'ont de droit sur la succession de leur père qu'à défaut d'héritiers légitimes... Ils ne peuvent réclamer que les frais d'entretien.

Ils ont droit à tous les biens composant la succession de leur mère, si cette dernière ne laissé pas d'enfants légitimes; mais n'ont aucune réclamation à exercer contre leur aïeul.

DUCHÉ DE BRUNSWICK

Le droit civil de Brunswick exclut l'enfant naturel de la succession *ab intestat* de son père. Il ne peut que réclamer des aliments, tant à son père qu'à sa mère.

Les enfants nés hors mariage peuvent être légitimés par mariage subséquent de leurs père et mère, ou par un rescrit du prince. Mais les enfants légitimés ne peuvent pas succéder dans les terres de famille.

FRANCFORT-SUR-LE-MEIN (VILLE LIBRE)

D'après les dispositions légales admises à Francfort, les enfants naturels sont appelés à la succession de leur mère concurremment avec les enfants légitimes.

Ils n'ont aucun droit à la succession de leurs aïeuls maternels, ni à celle des collatéraux maternels.

Il est attribué aux enfants naturels et à leur mère un sixième dans la succession de leur père.

Si ce dernier ne laisse ni femme ni enfants légitimes, il peut léguer à ses enfants naturels la totalité de ses biens;

Mais s'il laisse des enfants légitimes, il ne peut leur léguer que le *douzième* de sa succession.

Le père naturel a droit à un sixième de la succession de son enfant naturel ; la mère prend les autres cinq sixièmes.

Elle a droit à la totalité, si elle est seule.

Les enfants naturels n'ont aucun droit de succession entre eux.

PRUSSE

La législation prussienne, au chapitre *des Successions*, partie II, titre II, section 9, détermine ainsi les droits *des enfants nés de cohabitation sans mariage :*

« Les enfants naturels n'ont droit qu'aux frais de nourriture et d'éducation jusqu'à leur quatorzième année, lorsque le père laisse des enfants légitimes, et à défaut de descendants légitimes, ils ont droit à un sixième de la succession.

« Ils n'ont pas droit à une réserve dans la succession de leur père. Ils ont, au contraire, dans la succession de leur mère, des droits égaux à ceux des enfants légitimes. Cependant ils n'ont aucune réserve dans la succession de leurs ascendants maternels.

« Le père n'a aucun droit sur la succession de son enfant naturel.

« La mère, au contraire, lui succède comme s'il était légitime. »

HOLLANDE

Dans le Code hollandais, les art. 909, 910 et 912, 913 règlent la part revenant à l'enfant naturel de la même manière que les art. 757, 758, 759 du Code Napoléon.

Toutefois, lorsque les héritiers sont parents en degrés inégaux, le plus proche dans une ligne détermine la quotité revenant à l'enfant naturel, même à l'égard des parents de l'autre ligne.

Les plus proches parents du père qui a reconnu son enfant naturel succèdent à ce dernier, à l'exclusion de l'État, si cet enfant décède sans postérité, sans père ni mère, ni frères ou sœurs naturels ni descendants d'eux, ni époux survivant.

Si l'enfant naturel a été reconnu par son père et par sa mère, une moitié de ses biens est attribuée aux parents de la ligne paternelle, et l'autre moitié à ceux de la ligne maternelle.

DANEMARK

Le Code danois n'accorde de droits à l'enfant naturel sur les biens de son père, que lorsque ce dernier, au moyen d'une lecture publique faite devant le tribunal, l'a légalement reconnu.

L'acte de reconnaissance peut régler les droits de son enfant naturel. Dans ce cas, l'enfant doit se contenter de la part qui lui a été attribuée par son père, laquelle ne peut jamais excéder la moitié de celle de l'enfant légitime. Si dans l'acte de reconnaissance le père n'a fait aucune disposition en faveur de son enfant naturel, ce dernier a droit à la moitié d'une part d'enfant légitime; il succède à la totalité des biens s'il n'y a pas d'enfants légitimes.

Les descendants de l'enfant naturel héritent aussi des parents du père, mais ils n'ont droit qu'à la moitié de la part d'un enfant légitime.

Les biens de la mère et des parents de la mère sont dévolus par égales parts entre les enfants légitimes et les enfants naturels, alors même que l'acte de reconnaissance n'a pas été lu conformément à la loi.

Les enfants adultérins n'ont aucun droit sur la succession de leurs père et mère.

SUÈDE

En Suède, les enfants naturels, c'est-à-dire les enfants nés *sans promesse de mariage*, les enfants adultérins et incestueux, ne peuvent succéder qu'à leurs descendants. Cependant leurs père et mère, ou le survivant d'eux, doivent pourvoir à leur éducation et à leur entretien.

La succession de l'enfant naturel se transmet comme celle d'un enfant légitime.

NORWÉGE

D'après la législation norwégienne, les enfants naturels succèdent de plein droit à leur mère, mais ils n'ont aucun droit à la succession de leur père, s'ils n'ont pas été reconnus.

Dans ce cas, l'acte de légitimation du père doit contenir l'énonciation de la portion de biens qui est assignée à l'enfant naturel, avec cette déclaration qu'il ne pourra recueillir au delà de ce qu'il a reçu.

Si le père n'a pas fait cette déclaration, les droits de l'enfant naturel sont fixés ainsi qu'il suit :

Il a droit à la moitié de la portion héréditaire des enfants légitimes, s'il y a des enfants légitimes, et à la totalité des biens, s'il n'y a pas d'enfants légitimes.

En cas de prédécès de l'enfant naturel, lors de l'ouverture de la succession, ses descendants peuvent le représenter.

L'enfant naturel qui succède à son père, succède aussi à ses parents paternels.

L'enfant adultérin est exclu de la succession de celui de ses auteurs qui a commis l'adultère. Il a, sur les biens composant la succession de celui qui n'est pas marié, les mêmes droits qu'un enfant naturel.

Les enfants incestueux sont considérés comme des enfants légitimes si leurs père et mère ont été de bonne foi tous deux, ou du moins l'un d'eux. Dans les autres cas, ils sont considérés comme des enfants naturels.

ESPAGNE

D'après les lois 2, 5, 6, 8, 9 et 10 de Toro, l'enfant naturel n'a aucun droit dans les successions de ses père et mère, s'il existe des enfants légitimes. Mais ses père et mère ont la faculté de leur laisser le cinquième de leur succession à titre d'aliments.

Le père peut laisser toute sa fortune à son enfant naturel s'il n'a pas de descendants légitimes. S'il meurt *intestat*, l'enfant naturel recueille un sixième de la succession, qu'il partage avec sa mère. Il a droit à la totalité des biens composant la succession de sa mère. Si celle-ci meurt *intestat*, ou exclut son enfant de sa succession, ses dispositions peuvent être attaquées.

D'après la loi 16 de Mayo de 1835, l'enfant naturel peut recueillir toute la succession, même par préférence à la veuve de son père, si ce dernier ne laisse ni descendants, ni ascendants, ni collatéraux légitimes jusqu'au quatrième degré.

Dans tous les cas, il a droit à des aliments.

PORTUGAL

En Portugal, l'enfant naturel succède à son père, même en concours avec les enfants légitimes, si son père est roturier; mais, si ce dernier est de condition noble, il ne lui succède pas. Toutefois le père de condition noble peut instituer héritier son enfant naturel et lui laisser la *tierce* s'il a des descendants ou des ascendants. La noblesse du père se réfère au temps de la naissance de l'enfant, qui est successible, si son père n'était pas noble à l'époque où il est né.

Lorsque l'enfant naturel est né d'un père roturier, il a droit à une réserve, comme s'il était enfant légitime; il peut, par suite, attaquer les dispositions de nature à porter atteinte à sa réserve successorale.

L'enfant naturel succédant à son grand-père, cette règle s'applique à la succession du grand-père comme à celle du père.

SUCCESSION DE LA MÈRE.

L'enfant succède à sa mère, en concours et par égale part avec les enfants légitimes. Il a, comme ceux-ci, une réserve sur les biens de sa mère. Cette règle, qui s'applique aussi aux ascendants maternels, a lieu, bien que la mère soit noble, pourvu qu'elle n'ait pas d'enfants légitimes.

SUCCESSION DES ENFANTS NATURELS.

Le droit de succession étant réciproque, les père, mère et autres parents des enfants naturels leur succèdent, lorsque ceux-ci étaient leurs successibles.

DES ENFANTS INCESTUEUX, SACRILÉGES OU ADULTÉRINS.

Les enfants incestueux, sacriléges ou adultérins ne succèdent point. Toutefois, lorsque les père et mère de ces enfants ne sont point coupables, qu'ils ont été de bonne foi en se mariant, il est certain qu'ils succèdent à leurs auteurs non coupables, ou à celui des deux qui ne l'est pas.

Alors même que la mère serait coupable, l'enfant naturel n'en succéderait pas moins à ses parents maternels.

Les enfants incestueux, sacriléges ou adultérins ne peuvent rien recevoir de leur père à titre gratuit ou par testament, si ce n'est pour aliments.

Le droit de succession étant réciproque, il en résulte que les père et mère de l'enfant incestueux, sacrilége ou adultérin, ne lui succèdent pas, et qu'ils ne peuvent rien recevoir de lui par donation ou testament.

La légitimation royale peut rendre l'enfant incestueux, sacrilége ou adultérin habile à succéder à son père ou à d'autres parents.

SUISSE

CANTON DE GENÈVE

Dans le canton de Genève, les droits des enfants naturels dans les successions de leurs père et mère décédés, sont régis par les mêmes principes que ceux établis par le Code Napoléon, qui fut promulgué dans le canton de Genève presque en même temps qu'en France.

CANTON DE VAUD

Dans le canton de Vaud, les enfants naturels succèdent à la totalité des biens de leurs père et mère, lorsque ces derniers ne laissent ni parents au degré successible, ni époux.

Les enfants et descendants de l'enfant naturel prédécédé ont droit de réclamer la part qui est attribuée par la loi à leurs père et mère dans la succession de leurs auteurs.

D'après la loi, les enfants naturels n'ont de droits sur les biens de leurs père ou mère décédés que dans le cas ci-dessus; hors ce cas ils ne peuvent réclamer que des aliments, car ils ne sont point héritiers.

CANTON DE FRIBOURG

D'après le Code civil de Fribourg, l'enfant naturel succède à sa mère de la manière suivante :

Si la mère a laissé des descendants légitimes, l'enfant naturel a droit à la moitié de la portion héréditaire qu'il aurait eue s'il eût été légitime.

Si la mère laisse des frères ou sœurs légitimes ou des descendants d'eux, ou des ascendants, il est attribué à l'enfant naturel les deux tiers de sa succession; et il lui est attribué la totalité si la mère ne laisse aucun parent légitime aux degrés ci-dessus indiqués.

En cas de prédécès de l'enfant naturel, ses enfants légitimes le représentent. Les enfants *illégitimes* représentent aussi leur mère dans les proportions ci-dessus indiquées.

L'enfant naturel n'a aucun droit sur les biens composant la succession *ab intestat* de son père.

Les descendants légitimes de l'enfant naturel lui succèdent. Les descendants naturels succèdent à leur mère naturelle d'après les règles ci-dessus énoncées.

A défaut de postérité, l'époux survivant hérite de ses biens; à défaut d'époux, sa mère lui succède, et, à défaut de sa mère, les enfants ou descendants naturels de celle-ci.

CANTON DU VALAIS

Le Code civil du canton du Valais a de grandes ressemblances avec le Code Napoléon. Il attribue à l'enfant naturel le tiers des biens de la succession *ab intestat* de ses père ou mère, lorsque le défunt laisse des parents au degré successible dans les deux lignes.

A défaut de parents au degré successible dans l'une ou l'autre ligne, l'enfant naturel recueille en entier la moitié attribuée à cette ligne. Il a droit à la totalité de la succession à défaut de parents au degré successible dans les deux lignes.

CANTON DE BALE

L'enfant né hors mariage et légitimé a droit à la succession de sa mère, mais non à celles des parents de sa mère.

Lorsque les aïeuls et aïeules, ou autres ascendants plus éloignés d'un enfant illégitime désirent que celui-ci héritent d'eux, ils peuvent solliciter sa légitimation en produisant les déclarations de leurs héritiers légitimes s'il y en a.

CANTON DE SAINT-GALL

Le canton de Saint-Gall n'a pas de Code civil. Sa législation civile se compose de diverses lois.

D'après l'une de ces lois, les enfants nés hors mariage succèdent à leur mère, de même que les enfants légitimes. Ils succèdent également aux ascendants de leur mère en ligne directe ascendante.

Ils n'ont aucun droit sur la succession de leur père. Ils ne succèdent pas non plus en ligne collatérale ; toutefois, les frères et sœurs nés de la même mère peuvent hériter les uns des autres.

ROYAUME D'ITALIE

La loi sarde, de même que la loi française, n'accorde de droit à l'enfant naturel sur la succession de ses père et mère que lorsque sa filiation a été reconnue ou établie en justice.

Lorsque l'enfant naturel, dont la filiation a été reconnue ou judiciairement établie, vient à la succession de ses père et mère en concours avec des enfants légitimes, il n'a droit qu'à des aliments.

A défaut d'enfants légitimes, si l'enfant vient en concours avec des ascendants ou l'un d'eux, il succède au quart des biens.

Il a droit à la moitié des biens si le père ou la mère ne laisse ni postérité légitime, ni ascendants.

Il a droit enfin à la totalité des biens, à défaut de parents au degré successible.

L'enfant naturel est tenu d'imputer, sur la part à laquelle il succède, tout ce qu'il a reçu de ses père et mère, et qui serait sujet à rapport.

L'enfant naturel reconnu n'a pas de droit sur les biens laissés par les parents de ses père et mère, et les parents de ceux-ci n'ont aucun droit sur les biens de l'enfant naturel.

Si l'enfant naturel décède sans postérité, son conjoint survivant recueille les deux tiers de sa succession.

L'autre tiers appartient au père ou à la mère du défunt, qui l'a reconnu, ou se divise entre eux par moitié, s'il a été reconnu par l'un et l'autre.

Si l'enfant naturel ne laisse ni postérité ni conjoints survivants, sa succession est déférée en entier à celui de ses père ou mère qui l'a reconnu, ou par moitié à chacun d'eux s'il a été reconnu par l'un ou par l'autre.

Aux termes de l'art. 972 du Code sarde, les enfants naturels, de même que l'époux survivant et le fisc, lorsqu'ils prétendent avoir un droit exclusif à la succession d'une personne décédée *ab intestat*, doivent faire apposer les scellés et faire procéder à l'inventaire en la forme prescrite pour l'acceptation d'une succession sous bénéfice d'inventaire.

Ils sont tenus de demander l'envoi en possession au tribunal de judicature-mage, qui ne peut l'accorder qu'après trois publications faites dans la forme légale, et après avoir entendu le ministère public.

Les enfants naturels sont tenus de faire vendre les effets mobiliers, et de faire emploi du prix provenant de la vente, ou de fournir des garanties suffisantes pour en assurer la restitution. Cette garantie doit durer trois années.

Si les enfants naturels ne remplissaient pas les

formalités ci-dessus prescrites par les art. 972 et 973, ils pourraient être condamnés à des dommages-intérêts au profit des héritiers s'il s'en présentait.

PARME, PLAISANCE ET GUASTALLA

Le Code civil du duché de Parme, de Plaisance et de Guastalla fut élaboré par des jurisconsultes de Parme et de Milan, qui firent de nombreux emprunts au Code Napoléon.

Voici comment les droits des enfants naturels y sont réglés au titre *des Successions*, chapitre v :

Lorsque la filiation de l'enfant naturel est établie, il n'a droit qu'à des aliments, s'il se trouve en concours avec des enfants légitimes ou leurs descendants.

Si le père ou la mère n'a pas laissé d'enfants légitimes ou des descendants d'eux, mais un ou plusieurs ascendants, l'enfant naturel a droit au quart des biens de la succession. Il a droit à la moitié des biens composant la succession s'il vient en concours avec d'autres parents ou avec le conjoint du père ou de la mère.

ÉTATS ROMAINS

Dans les États romains, il n'existe pas de droit civil ; c'est le droit romain qui est en vigueur, ainsi qu'un règlement ou *motu proprio* législatif et judiciaire émané du pape Grégoire XVI, en date du 10 novembre 1834. Ce règlement contient un Code de procédure civile, la loi d'organisation judiciaire, et une loi hypothécaire. Enfin les arrêts du haut tribunal *de la rota* ont force de loi en certaines matières; dans d'autres cas, ces arrêts ont la même puissance que la loi elle-même.

TOSCANE

En Toscane, les enfants naturels ne succèdent à leur père et mère qu'à l'exclusion du conjoint survivant ou de l'État.

Lorsqu'ils ont été légalement reconnus, ils ont le droit de réclamer des aliments à leurs père et mère ou à leurs héritiers.

Les enfants adultérins ou incestueux ont aussi droit à des aliments.

DEUX-SICILES

Les enfants naturels succèdent à leur mère. Ils n'ont de droit sur la succession de leur père que s'ils ont été légalement reconnus, dans le cas où la loi admet la preuve de la paternité.

L'enfant naturel, venant à la succession de son père en concours avec des enfants ou ascendants légitimes, a droit à la moitié de la part qui lui aurait été attribuée s'il eût été légitime.

Il a droit aux deux tiers des biens de la succession s'il n'existe que des parents collatéraux au degré successible, et à la totalité s'il n'en existe pas.

Les enfants légitimés par décret du prince héritent de la même manière que les enfants naturels.

Les enfants naturels doivent imputer, sur ce qu'ils ont droit de prétendre, tout ce qu'ils ont reçu du vivant de leur père ou mère dont la succession est ouverte, et qui est sujet à rapport d'après les règles établies par la loi.

Les enfants naturels, quoique légalement reconnus, n'ont aucun droit sur les biens des parents de leurs père et mère.

Les enfants adultérins et incestueux et tous ceux nés d'une union *damnée* n'ont droit qu'à des aliments.

RUSSIE

D'après la loi russe, les enfants naturels ne peuvent succéder que par la faveur du souverain. Ils ne peuvent être légitimés que par des oukases spéciaux ; mais dès qu'ils ont obtenu la faveur de la légitimation, ils succèdent à l'égal des enfants légitimes dans toutes les lignes.

Toutefois, d'après un oukase du 6 février 1850, les enfants nés d'un mariage déclaré nul, quoique légitimés par le souverain, n'héritent que de leurs père et mère exclusivement, et ne peuvent réclamer aucun droit dans la succession de leurs autres parents.

GRÈCE

La Grèce est régie par le droit romain pour toutes les matières qui ne sont pas réglées par des lois spéciales. Ainsi la novelle 118 régit les successions. D'après cette novelle, les enfants incestueux n'ont aucun droit, pas même droit à des aliments.

RÉSUMÉ

En France, En Portugal,	Les enfants naturels succèdent à leurs père et mère.
En Russie, En Angleterre, En Suède, Dans le duché de Brunswick, Dans les cantons de Berne et du Tessin,	Les enfants naturels n'ont aucun droit de succession

En Autriche, En Saxe, Canton de Fribourg, Lucerne, Soleure,	Les enfants naturels ne succèdent qu'à la mère.
Dans le droit commun allemand, A Francfort, En Prusse, En Saxe-Weimar, En Wurtemberg,	Les enfants naturels succèdent à la mère seule, quelquefois aux ascendants de la *mère* ; ils ont droit à un sixième sur la fortune du père s'il ne laisse ni femme ni enfants légitimes.
En Sardaigne, A Parme, A Modène,	Ils succèdent aux père et mère s'il n'y a pas de descendants.
En Bavière, Canton d'Argovie,	Ils succèdent à la mère seule. Ils succèdent aussi au père, si ce dernier ne laisse aucun héritier.
En Danemark, En Norwège, A Bade, En Belgique, En Bolivie, Dans les Deux-Siciles, En Espagne, Le canton d'Appenzell, — de Genève, — de Neuchâtel, — du Valais,	Les droits successifs des enfants naturels sont régis par des dispositions, qui se rattachent plus ou moins, de celles du Code Napoléon.

On voit, par le tableau ci-dessus que, dans toutes

les législations, il existe une différence plus ou moins grande, entre les droits attribués aux enfants légitimes et ceux accordés aux enfants naturels.

Pourquoi cette différence entre ceux dont la condition devrait être la même, comme le disait *Cambacérès* à la Convention? On a invoqué en faveur de cette inégalité les considérations d'ordre social, l'intérêt de la morale publique, l'honneur du mariage. Mais quelle est la morale qui enseigne de punir l'innocent?

Quelles considérations assez puissantes pour justifier ou même excuser une pareille rigueur?

Il est certain d'ailleurs que ces restrictions apportées aux droits de l'enfant né hors mariage ne garantissent nullement les droits de la famille légitime. Elles n'ont le plus souvent pour effet que de forcer les père et mère, dont la liberté de disposer est entravée par la loi, à recourir à des moyens détournés et frauduleux, pour assurer à leurs enfants illégitimes la portion de biens que leur cœur ou leur conscience croit devoir leur attribuer.

VII

CODE NAPOLÉON

(ARTICLES 756 A 767)

DOCTRINE ET JURISPRUDENCE

Des droits des enfants naturels sur les biens de leurs père ou mère décédés et de la succession aux enfants naturels décédés sans postérité.

La partie du Code Napoléon relative aux droits successifs des enfants naturels constitue une œuvre toute nouvelle, car les rédacteurs du Code ne pouvaient rien trouver pour les éclairer dans les législations antérieures, qui toutes s'étaient montrées envers les enfants naturels ou d'une rigueur excessive, ou d'une indulgence préjudiciable aux intérêts de la famille légitime.

Dans les trois premiers articles du chap. IV des *Successions irrégulières*, le Code détermine la nature du droit héréditaire de l'enfant naturel (art. 756), et il fixe la quotité de ce droit, soit lorsque l'enfant se trouve en concours avec des parents légitimes (757), soit lorsqu'il n'y a pas de parents légitimes (758).

Ces articles sont ainsi conçus :

ART. 756.

« Les enfants naturels ne sont point héritiers. La loi ne leur accorde de droits sur les biens de leurs père ou mère décédés, que lorsqu'ils ont été légalement reconnus.

« Elle ne leur accorde aucun droit sur les biens des parents des leurs père ou mère. » (C. N., 333 s., 723, 769, 770, 773.)

ART. 757.

« Le droit de l'enfant naturel sur les biens de ses père ou mère décédés est réglé ainsi qu'il suit :

« Si le père ou la mère a laissé des descendants légitimes, ce droit est d'un tiers de la portion héréditaire que l'enfant naturel aurait eue s'il eût été légitime ;

« Il est de la moitié lorsque les père ou mère ne laissent pas de descendants, mais bien des ascendants ou des frères ou sœurs ;

« Il est des trois quarts lorsque les père ou mère ne laissent ni descendants ni ascendants, ni frères ni sœurs. » (C. N., 762.)

ART. 758.

« L'enfant naturel a droit à la totalité des biens,

lorsque ses père ou mère ne laissent pas de parents au degré successible. » (C. N., 723 s., 755, 769 s., 908.)

L'article 756 pose les règles suivantes :

1° Les enfants naturels n'ont de droits sur les biens de leurs père ou mère qu'à la condition qu'ils aient été légalement reconnus ;

2° Ces droits ne peuvent être étendus aux biens des parents de leurs père ou mère, sont limités aux biens composant la succession de ces derniers, et ne peuvent, par conséquent, être exercés qu'après leur décès ;

3° Enfin la reconnaissance légalement faite ne confère pas le titre d'héritier aux enfants naturels. Elle ne lui confère qu'un simple droit sur la succession de ses père ou mère.

Quelle est la nature du droit que la loi accorde à l'enfant naturel, quelle en est l'étendue ? Cette double question a été longtemps controversée.

Certains auteurs, en se fondant sur les termes de l'art. 756, ont prétendu que les enfants naturels n'avaient pas sur les biens de leurs père et mère décédés un droit de propriété, un droit héréditaire, qu'ils avaient un simple droit de créance ; ils ont par suite posé en principe que tous les articles où la loi emploie le mot *héritiers* leur sont inapplicables.

La simple lecture des travaux préparatoires du

Code suffit pour faire repousser cette opinion... En effet l'art. 54 du projet de Code civil de l'an VIII était ainsi conçu :

« L'enfant naturel, qui n'a point de parenté civile résultant du mariage, n'est point héritier. La portion que la loi lui accorde sur les biens de ses père ou mère n'est qu'une *créance* fondée sur l'obligation naturelle qu'ils ont contractée envers lui... »

Le consul Cambacérès demanda que l'on ne se servît pas du mot « *créance.* » Sa proposition fut adoptée, et par suite l'art. 756 devint tel qu'il se trouve actuellement dans le Code.

Aujourd'hui on reconnaît, du reste, généralement qu'il n'est pas possible d'employer le mot *créance* pour qualifier le droit des enfants naturels. Ces derniers ne sont pas héritiers, cela est vrai, l'art. 756 le déclare d'une manière expresse. Mais ce mot dans l'art. 756 est synonyme de successible. Le législateur, par cette déclaration que les enfants naturels ne sont point héritiers, a voulu établir qu'on ne pouvait pas leur faire application de la fiction d'après laquelle l'héritier continue la personne du défunt, qu'ils n'avaient pas la saisine légale, et qu'ils devaient former une demande en délivrance pour obtenir leur portion héréditaire; mais quant à sa nature, le droit des enfants naturels est semblable au droit des héritiers légitimes.

Sic Demolombe, *des Successions irrégulières*, p. 51 et suiv.

Merlin, *Rép.*, v° *Bâtard*, sect. II, § 4.

Delvincourt, t. II, p. 21, note 4.

Toullier, t. II, n°s 248, 249.

Duranton, t. VI, n° 269.

Chabat, art. 756, n° 10.

Demante, t. III, n° 74, *bis*.

Marcadé, art. 756.

Zachariæ (Aubry et Rau), t. IV, n° 514.

Massé et Vergé, t. II, p. 455.

Ainsi donc il n'est pas possible d'assimiler à un simple droit de créance le droit des enfants naturels dans les successions de leurs père ou mère. Certains auteurs ont substitué au mot de créance ceux de charge *héréditaire* ou de *délibation;* d'autres, tout en reconnaissant au droit de l'enfant naturel son caractère de droit, refusent à ce droit les effets et les conséquences qui en dérivent.

L'opinion professée par M. Demolombe est celle qui nous paraît la seule juridique :

« Le droit de l'enfant naturel dans la succession de ses père ou mère, dit l'éminent jurisconsulte, est absolument, sauf la quotité, de même nature que le droit des héritiers légitimes, c'est-à-dire qu'il est un droit héréditaire dans la masse indivise de la succession. »

Voici quelles sont les conséquences qu'il tire de ce principe :

1° L'enfant naturel jouit du droit d'accroissement ;

2° Le rapport est dû à l'enfant naturel par les héritiers légitimes ;

3° Les fruits produits par les biens de la succession sont dûs à l'enfant naturel, à compter du jour de son ouverture ;

Delvincourt, t. II, p. 48.

Zachariæ (Aubry et Rau), t. IV, p. 516.

4° Tout ce qui augmente la masse héréditaire partageable, augmente la portion indivise de l'enfant naturel dans cette masse, de même que tout ce qui diminue la masse héréditaire diminue aussi la portion héréditaire de l'enfant naturel ;

5° L'enfant naturel a le droit de demander l'application de l'art. 826, C. N., aux termes duquel : « chacun des cohéritiers peut demander sa part en nature des meubles et immeubles de la succession ;... »

Sic Zachariæ (Aubry et Rau), t. IV, p. 514.

— (Massé et Vergé), t. II, p. 435.

6° L'enfant naturel peut requérir toutes les mesures qui sont de nature à conserver les objets et valeurs composant la succession ;

7° Il ne peut être procédé au partage de la succession, ni aux opérations préliminaires, hors sa présence, et sans son concours, ou du moins sans qu'il ait été dûment appelé ;

8° L'action en partage, appartenant à l'enfant naturel, doit être portée devant le tribunal du lieu où la succession est ouverte ;

9° L'enfant naturel a les mêmes droits que l'héritier légitime vis-à-vis des tiers acquéreurs des immeubles de la succession, auxquels ces immeubles ont été transmis par un héritier légitime ou par tout autre ;

10° L'enfant naturel peut exercer le retrait successoral établi par l'art. 841 C. N. contre le cessionnaire des droits successifs de l'un des héritiers, de même que le peuvent les héritiers contre le cessionnaire des droits successifs de l'enfant naturel ;

Sic Merlin, *Rép.*, v° *Droits successifs*, n° 9 ;
Toullier, t. II, n° 441.
Duranton, t. VI, n° 190.

11° L'enfant naturel, en cas d'absence de son père ou de sa mère, peut se pourvoir afin de faire déclarer leur absence pour obtenir l'envoi en possession de la portion lui revenant dans les biens de leurs successions (voyez Demolombe, t. II, nos 59, 71) ;

12° L'enfant naturel étant *loco hæredis* est tenu des dettes et charges de la succession *ultra vires*, s'il n'a pas accepté la succession sous bénéfice d'inventaire ;

13° Enfin, par suite de ce principe que l'enfant naturel est successible, qu'il est *loco hæredis*, et que, sauf la quotité, son droit est de la même nature que celui de l'enfant légitime, nous pensons que son omission dans un partage fait par un ascendant entre ses enfants rendrait ce partage nul aux termes de l'art. 1078 C. N.

L'art. 757 détermine la portion qui revient à l'enfant naturel en concours avec des parents légitimes; cette portion varie suivant la qualité des parents que son auteur a laissés, mais aucun parent, pas même ceux du premier degré ne peuvent exclure l'enfant naturel, pas plus qu'il ne peut lui-même les exclure. On peut donc soutenir avec raison que l'enfant naturel a essentiellement droit à une réserve. Il y a eu de grandes discussions sur la question de savoir si l'enfant naturel avait une réserve, et comment elle devait être fixée.

Pour établir que l'enfant naturel n'avait pas de réserve, on se fondait sur les art. 913, 914, 915 et 916, C. N., qui n'accordent de réserve qu'aux enfants légitimes et aux ascendants, et qui par cela même la refusent aux enfants naturels, *inclusio unius est exclusio alterius*.

On s'appuyait encore sur les art. 724, 756.

Le premier de ces articles, a-t-on dit, refuse aux enfants naturels la saisine des biens de leurs père et mère; le second déclare qu'ils ne sont pas héritiers; tous deux anéantissent donc la prétention des enfants naturels à une réserve, puisqu'elle n'est établie qu'en faveur des héritiers légitimes.

Pour le droit à une réserve, on répondait :

Que lors de la rédaction de l'art. 915 qui est invoqué, le législateur ne songeait pas aux enfants naturels... Il n'avait pour but que d'exclure du droit de réserve les collatéraux, même les frères et sœurs, mais non d'étendre cette exclusion aux enfants naturels, dont il ne déterminait ni le sort ni les droits.

Vainement on se fondait encore sur les art. 724 et 756 pour établir que l'enfant naturel n'est pas héritier et n'avait, par conséquent, pas de réserve... Interpréter ainsi la loi, c'est abuser des termes dans lesquels elle est conçue. Le législateur, en donnant une quote-part d'enfant légitime à l'enfant naturel, l'a assimilé, quant au droit, à ce dernier, et n'a établi de différence que pour la quotité.

Il faut d'ailleurs, en principe, interpréter les différentes dispositions de la loi les unes par les autres; c'est par ce rapprochement et cette combinaison qu'on découvre la véritable intention du législateur.

Or, que résulte-t-il des art. 756 et 757, C. N.? que l'enfant naturel a ses droits comme l'enfant légitime a les siens.

L'art. 757 établit une quotité plus ou moins forte suivant les circonstances. Mais le droit de l'enfant légitime forme le type du droit de l'enfant naturel; il n'y a entre eux d'autre différence que celle de la quotité de la réserve.

Sic Loiseau, *Traité des enfants naturels*, p. 677.

Merlin, *Répert.*, v° *Réserve*, sect. IV.

Grenier, *Donations et testaments*, t. II, n° 657 et suiv.

Levasseur, *De la portion de biens disponibles*, n° 65.

Sur ce point on admet généralement aujourd'hui que l'enfant naturel est réputé légitime, et qu'il fait nombre pour la fixation de la quotité disponible. Pour fixer la part lui revenant, (et cette part doit être calculée d'après l'universalité des biens composant la succession), on doit d'abord le supposer légitime, et lui accorder ensuite une fraction de la part qu'il aurait eue à ce titre... Cette fraction est du tiers, de la moitié, ou des trois quarts.

Examinons maintenant quels sont les droits des enfants naturels, suivant les différents parents légitimes avec lesquels il se trouve en concours.

1° Lorsqu'il se trouve en concours avec des descendants légitimes, l'enfant naturel a droit *au tiers* de la portion héréditaire qu'il aurait eue s'il eût été légitime.

Pour déterminer cette part lorsqu'il n'y a qu'un enfant naturel, on le suppose d'abord légitime, comme nous l'avons déjà dit, on partage ensuite la succession par égales parts (art. 745), et lorsqu'on a fixé la quote-part héréditaire à laquelle il aurait droit s'il était légitime, on prend le tiers de cette quote-part, ce tiers constitue la part lui revenant. (*Sic* Demolombe, t. II, *des Successions*, p. 110.)

S'il y a plusieurs enfants naturels en concours avec des enfants légitimes, on suppose légitimes tous les enfants naturels, on fait le partage entre eux par égales parts, on retranche les deux tiers dans la part fictivement attribuée à chacun des enfants naturels. Le tiers forme la part réelle revenant à chaque enfant naturel, et les deux autres tiers qui ont été retranchés de la part primitivement fixée viennent augmenter la part des enfants légitimes.

Si l'enfant naturel, par suite de la renonciation ou de l'indignité des enfants légitimes laissés par le défunt, se trouve en concours avec des petits-enfants, il a droit au tiers de toute la succession, car les enfants qui viennent alors de leur chef ne sont qu'au second degré.

2° Lorsque les père ou mère de l'enfant naturel n'ont pas laissé de descendants légitimes, mais des ascendants ou des frères et sœurs, le droit de l'enfant naturel *est de la moitié* de la portion héréditaire qu'il aurait eue s'il eût été légitime.

3° Lorsque les père ou mère n'ont laissé ni ascendants, ni frères, ni sœurs, mais des parents collatéraux plus éloignés, le droit de l'enfant naturel *est des trois quarts* de la portion héréditaire qu'il aurait eue s'il eût été légitime.

Il faut faire remarquer ici que dans le cas où l'enfant naturel vient en concours avec des ascendants, des frères ou sœurs, ou d'autres collatéraux, le nombre des parents n'exerce aucune influence sur la quotité de sa réserve, qui, dans le cas de concours avec des descendants légitimes, est plus ou moins considérable, suivant que le nombre de ces derniers est plus ou moins grand.

Suivant M. Demolombe, les neveux ou nièces venant à la succession du *de cujus*, soit par représentation, soit de leur chef, sont compris dans l'art. 757, sous la dénomination générale de frères ou sœurs, et les mêmes droits doivent leur être attribués.

Sic Merlin, v° *Représentation*, sect. IV, § 7.

Toullier et Duvergier, t. II, p. 254.

Pont, *Revue de législation*, 1846, t. I, p. 99.

Lorsque les père ou mère de l'enfant naturel ont laissé un ou plusieurs ascendants dans une ligne, et dans l'autre des collatéraux autres que des frères ou sœurs, on doit attribuer à l'enfant naturel la moitié de toute la succession.

Sic Demolombe, p. 114 à 122.

Favard, v° *Succession*, sect. IV, § 1, n° 5.

Zachariæ (éd. Aubry et Rau), t. IV, p. 212.

La part revenant aux enfants naturels, qui est, suivant les cas, de la moitié ou des trois quarts, se partage entre eux *par tête* lorsqu'il y a plusieurs enfants naturels.

L'enfant naturel peut-il prendre dans les biens donnés à son père ou à sa mère, comme dans ceux du surplus de la succession, une quote-part de ce qu'il aurait eu s'il eût été légitime?

L'affirmative n'est pas douteuse.

En effet aux termes de l'art. 757, C. c., les enfants naturels reconnus ont, dans les biens de leurs père et mère une quote-part de ce qu'ils auraient eu s'ils eussent été légitimes, et ce droit, la loi ne le soumet à aucune condition; elle le règle sans distinction de l'origine des biens. Nous ne prétendons pas que les enfants naturels sont tacitement compris dans les donations qui ont pu être faites à leurs auteurs par des ascendants. Si l'enfant naturel vient prendre une part dans les biens donnés, ce ne sera que comme pouvant remplacer dans les affections des ascendants le fils qu'ils ont perdu, car dans ce cas il recueillerait la totalité; mais la loi, lorsqu'il s'est agi de régler les droits de l'enfant naturel sur la succession de ses père et mère, ayant pris pour point de départ ceux accordés à l'enfant légitime, ayant attribué à l'enfant naturel une quote-part de ces droits, cette disposition doit recevoir son effet.

Dans tous les cas, c'est en recherchant quels droits cet enfant aurait dans les biens de son père, s'il était légitime, que l'on parvient à déterminer ses droits comme enfant naturel. Cette règle est générale, et, pour y apporter une exception quelconque, il faudrait trouver un texte formel de loi, ce qui n'existe pas...

Les dispositions légales sur la successibilité irrégulière des enfants naturels sont-elles modifiées par les dispositions testamentaires? (C. N., 757, 761, 908, 915.)

Les auteurs paraissent d'accord pour refuser aux enfants naturels le droit de prendre part aux biens que leurs père et mère ont donné par actes entre-vifs.

Ils avouent que ce droit leur est refusé par l'art. 757 du Code Napoléon, en ce qu'il leur accorde seulement un droit sur les biens de leurs père et mère *décédés*, c'est-à-dire sur les biens dont les père et mère étaient encore saisis à l'époque du décès. (Rapport de M. Jaubert sur la loi des donations; *Commentaire sur les successions*, par Chabot, t. Ier, p. 158; *Analyse des discussions du Code civil*, par M. de Maleville, t. II, p. 226.)

La question a été longtemps controversée relativement aux biens donnés par testament. Plusieurs opinions se produisirent.

PREMIÈRE OPINION.

La première opinion est celle de M. Chabot. (T. Ier, p. 158.)

Il enseigne que *la disposition de la totalité des biens exclut l'enfant naturel de toute participation à la succession;* il ne leur accorde pas même des aliments. D'après cet auteur, cette doctrine est fondée sur le principe qu'*en matière de succession, la volonté de l'homme l'emporte sur la volonté de la loi.*

Mais, si ce principe est vrai en général, il ne l'est pas quant aux enfants naturels, puisque l'art. 908 ne permet pas qu'ils reçoivent de la volonté de l'homme au delà de ce que leur accorde *la disposition de la loi*. La doctrine enseignée par M. Chabot n'est même vraie que lorsqu'il s'agit de la *portion disponible*. En matière de succession, comme en matière de contrat, les droits sacrés de la *nature*, des *mœurs*, de l'*ordre public*, passent avant la volonté de l'homme. Le législateur dispose dans l'intérêt de la nature, des mœurs ou de l'ordre public; ses dispositions sont réputées impératives ou prohibitives; c'est seulement hors de cette sphère que les dispositions du législateur sont des présomptions *de la volonté de l'homme*, et que *la volonté de l'homme l'emporte sur la disposition de la loi.*

On s'est donc élevé contre l'opinion de Chabot, qui consistait à réduire à rien les droits accordés par le législateur aux enfants naturels sur les biens de leurs père et mère décédés.

DEUXIÈME OPINION.

M. de Maleville, en combattant l'opinion de Chabot, déclare « que ce n'était pas l'intention du législateur, et que cette interprétation est contraire à l'esprit général de la loi. » Il ne croit pas « que, par des dispositions à cause de mort qui ne peuvent avoir d'effet qu'après les décès, les père et mère puissent exclure leurs enfants naturels de la part que la loi leur assigne au moment même de ce décès. »

M. de Maleville semble donc dire que, relativement aux enfants naturels, *la disposition de la loi* l'emporte *sur la volonté de l'homme.* Ce qui donne lieu à plusieurs objections dont la plus forte est celle-ci : « Supposons un père qui meurt sans laisser de parents légitimes au degré successible ; en ce cas, l'art. 758 déclare que l'enfant naturel *a droit à la totalité des biens.* » Si la volonté de l'homme ne doit pas l'emporter sur les dispositions de la loi, le père n'aura pu donner une obole à qui que ce soit, ce qui n'est pas admissible.

On reproche aussi à ce système d'établir le droit de l'enfant naturel au détriment ou de la *réserve des enfants et ascendants* légitimes, ou de la *portion disponible* dont le père a la libre disposition.

TROISIÈME OPINION.

Elle consiste à considérer le droit des enfants naturels sur les biens de leurs père et mère décédés comme une espèce de charge ou de créance qu'il faut prélever avant de composer la succession. C'est le restant des biens après ce prélèvement qui était affecté à la réserve et à la quotité disponible.

On voit bien là comment pourrait se concilier la réserve des enfants légitimes et le droit des enfants naturels; on y voit même comment le père peut faire ordinairement des libéralités... Mais si le père ne laissait pas de parents au degré successible, si la charge ou la créance absorbait la totalité des biens du père, au cas prévu par l'art. 757, que resterait-il de *disponible?*

QUATRIÈME OPINION.

Les auteurs des *Pandectes françaises* évitent à la fois tous les inconvénients des trois opinions ci-dessus, en établissant que les dispositions de la loi sur les enfants naturels sont *impératives* de leur nature; mais que la loi elle-même consent à être modifiée jusqu'à concurrence de *moitié.*

Si cette opinion plaît par ses *résultats*, elle est combattue en principe parce qu'elle étend la disposition de la loi à un cas qu'elle n'a pas prévu, et qu'il prête au législateur une disposition qu'il n'a pas émise; car le législateur ne défend la réclamation de l'enfant naturel que lorsque, *du vivant du père*, il a reçu moitié de la portion héréditaire que la loi lui attribue.

CINQUIÈME OPINION.

Un cinquième système s'est produit...il adopte la doctrine de Chabot qui veut que la disposition de l'homme l'emporte sur la disposition de la loi, mais il apporte à ce système les restrictions qu'exigent la nature, les mœurs, l'ordre public, c'est-à-dire en subordonnant la *volonté de l'homme* à la disposition de la loi pour assurer une réserve aux enfants naturels; — non une réserve qui soit de même nature et de même quotité que celle des *héritiers*, mais telle que l'exige leur qualité d'enfants naturels ayant un droit sur les biens de celui qui lui a donné la vie.

Or, cette médiocre *réserve* peut paraître suffisamment établie par la combinaison des art. 757 et 915.

Dans ce système, l'art. 915, qui, réglant la portion disponible, n'a égard qu'au nombre des enfants légitimes, serait modifié, au cas d'existence d'enfants naturels, par l'art. 757.

En effet, l'art. 757 attribue à l'enfant naturel *une quotité de la portion héréditaire qu'il aurait eue s'il eût été légitime;* mais, s'il eût été légitime, sa portion héréditaire eût été en proportion du nombre des enfants légitimes, *lui compris;*

Donc la quotité de portion héréditaire accordée par la loi à l'enfant naturel doit être en proportion avec le nombre des enfants légitimes, lui compris.

Donc, en comptant le nombre des *enfants légitimes*, pour déterminer *la quotité disponible*, il faut, jusqu'à un certain point, y comprendre le nombre des enfants naturels, ou compter comme s'ils eussent été légitimes.

Ainsi l'enfant naturel se trouve avoir un *droit* qui n'est pas chimérique. Les enfants légitimes conservent sur l'enfant naturel leur avantage légal; — le père conserve entièrement la faculté de disposer. Et tous ces effets sont opérés par la simple combinaison des art. 757 et 913, C. N.

Aujourd'hui on s'accorde à reconnaître que la part attribuée à l'enfant naturel dans la succession de ses père et mère peut être diminuée par les dispositions faites par ces derniers dans la même proportion que s'il eût été légitime. L'enfant naturel ne serait pas fondé, en effet, à prétendre que cette part héréditaire est fixée d'une manière invariable par l'art. 757, C. N., et qu'elle ne peut être réduite par aucunes dispositions entre-vifs ou testamentaires.

D'après l'art. 758, lorsque les père ou mère de l'enfant naturel ne laissent pas de parents au degré successible, il a droit à la totalité des biens. Ainsi, l'enfant naturel est préféré à l'époux survivant, mais il suffirait qu'il se trouvât un seul parent, fût-il au douzième degré, pour l'empêcher de recueillir la totalité de la succession.

JURISPRUDENCE

ART. 756.

1. L'enfant naturel dont le père est mort sans avoir fait des dispositions, et qui n'est en concours qu'avec des frères et sœurs, a droit à la moitié de la *totalité des biens* que le père a laissés à son décès.

Son droit n'est pas restreint à la moitié des biens dont le père n'aurait pu disposer si l'enfant naturel eût été légitime.

Cass., 28 janv. 1808, S. V., 1, 151.

Dans la discussion de cette affaire résolue par l'arrêt ci-dessus, les mots *portion héréditaire* furent diversement interprétés, selon le besoin de chacune des parties...

On disait pour les frères et sœurs que la portion héréditaire n'était autre chose que la portion qui aurait été indisponible, si l'enfant eût été légitime, encore que le défunt n'eût point fait de disposition.

L'enfant naturel répondait que le mot *hérédité* signifiait la succession dans l'universalité des droits que le défunt avait au moment de sa mort : « *Hæreditas est successio in universum jus quod defunctus tempore mortis habuit.* » (Lég. 62, ff., *de Reg. jur.*); que la partie étant de même nature que le tout, il s'ensuivait qu'une portion héréditaire, c'est-à-dire une part de l'hérédité, était une portion dans l'universalité des droits que le défunt avait à sa mort. Que la loi lui accordant lorsqu'il se trouvait en concours avec des frères et sœurs, la moitié des droits qu'il aurait eus s'il eût été légitime, il devait avoir la moitié de tous les droits que le défunt avait à sa mort, car s'il eût été légitime il aurait eu la totalité.

1. Le fils naturel n'est pas, comme l'enfant légitime, une seule et même personne avec son père ; s'il commet des soustractions dans la maison de son père ou de son aïeul, il est réputé enlever la chose d'autrui et doit être poursuivi par la voie criminelle. (C. civ., 756, C. pén., 380.)

Cass., 10 juin 1813, S. V., 17, 1, 43.

2. Lorsque l'héritier légitime a vendu tout ou partie de la succession, avant que l'enfant naturel ait fait connaître son état et réclamé ses droits, l'aliénation est maintenue si elle a été faite de bonne foi.

Paris, 12 avril 1823, S. V., 21, 2, 49.

3. Le père doit des aliments à l'enfant naturel reconnu

légalement par son fils, et que celui-ci ne peut pas nourrir.

Douai, 19 mars 1816, S. V., 16, 2, 165.

Cet arrêt a été cassé par la Cour de cassation, arrêt du 7 juillet 1817, S. V., 17, 1, 289.

4. Pour exercer le retrait successoral, autorisé par l'art. 841 du Code civil, il n'est pas nécessaire d'être héritier dans la rigueur de l'acception. Il suffit d'avoir droit à une quote-part sur les biens de *l'hérédité;* il suffit d'être successible.

Ainsi, le retrait successoral peut être exercé par un enfant naturel dans la succession de sa mère, ou même par l'héritier de cet enfant naturel.

Cass., 8 juin 1826, S. V., 26, 1, 399.

5. Le droit attribué aux enfants naturels reconnus sur les biens de leurs père et mère, s'il ne forme pas une réserve proprement dite, en a cependant les caractères.

En conséquence l'enfant naturel peut demander la réduction des dispositions testamentaires par suite desquelles il se trouverait privé de tout ou partie de la quotité qui lui est accordée par la loi. (Code civil, 756, 757, 913.)

Besançon, 11 décembre 1828, S., 29, 2, 290.

6. L'enfant naturel, bien qu'il ne soit pas héritier proprement dit, selon l'art. 756, C. c., est cependant réputé *co-héritier* dans le sens de l'art. 841, à l'effet d'exercer le retrait *successoral.*

Cass., 15 mars 1831, S. V., 31, 1, 183.

Sic t. XXVI, 1, 399.

7. Encore bien que l'enfant naturel ne soit pas qualifié *héritier*, il est néanmoins *successible;* à ce titre, il a droit à une réserve comme l'héritier: (913, C. civ.)

De même que pour l'héritier, sa réserve porte sur les biens donnés, comme sur les biens non donnés (756, 922, C. civ.).

Comme l'héritier, il a droit d'exiger le rapport de ce qui excède la quotité disponible. (760, 857, C. civ.)

Comme l'héritier, enfin, il peut demander que les aliénations de biens faites à l'un des successibles en ligne directe, et à charge de rente viagère, soient imputées sur la quotité disponible et assujetties au rapport pour ce qui excède cette quotité. (Art. 918, C. civ.)

Cass., 28 juin 1851, S., 51, 1, 279.

Sic t. XXX, 1, 166.

8. L'enfant naturel reconnu a sur tous et chacun des biens composant la succession de ses père et mère, un droit réel de propriété, *jus in re*, qui prend naissance dès l'instant de l'ouverture de la succession; tellement que les aliénations consenties ultérieurement par les héritiers légitimes sont nulles à l'égard de l'enfant naturel, en ce qui touche la portion lui revenant, bien qu'il n'eût pas encore demandé ni obtenu délivrance de ses droits. (724 et 756, C. civ.)

Poitiers, 10 avril 1852, S. V., 52, 2, 379.

Bien que le Code refuse à l'enfant naturel le titre et la qualité d'héritier, il lui accorde quelque chose qui touche de si près à ce titre, que des jurisconsultes recommandables le qualifient de quasi-héritier.

Le législateur, en développant les motifs de la loi, s'en explique en disant qu'il n'est pas héritier légitime proprement dit. La loi elle-même appelle succession irrégulière les droits qu'elle lui assure sur le patrimoine de son père.

L'enfant naturel, comme l'enfant légitime, transmet, en cas de prédécès, ces mêmes droits à ses descendants, et s'il meurt avant de les avoir exercés, il transmet à ses héritiers le droit de les réclamer.

Enfin il a, comme l'enfant légitime, sur les biens délaissés par son père une réserve légale, ce que personne ne conteste plus aujourd'hui.

Si le Code civil refuse à l'enfant naturel, dans la succession de son père, une quotité de biens égale à celle de l'enfant légitime, il lui accorde des droits évidemment de même nature; il ne la réduit ni à une simple créance ou action personnelle contre l'héritier, ainsi que s'en est expliqué le législateur, ni à un objet spécial, mais lui assure dans les biens de la succession des droits qui sont distingués de ceux de l'enfant légitime par la quotité et par le titre auquel il les reçoit, mais nullement par la nature de ces droits, ce qui a fait dire à M. le conseiller d'État Treilhard, dans l'exposé des motifs de la loi, « que si la nature réclame pour les enfants naturels reconnus une portion du patrimoine paternel, l'ordre social s'oppose à ce qu'ils la reçoivent dans les mêmes proportions et au même titre que l'enfant légitime. »

De ces considérations, qu'il serait facile de multiplier, on conclut avec nos plus savants jurisconsultes que le droit de l'enfant naturel est un droit réel, *jus in re*, un droit de propriété, une quote-part en nature dans tous et chacun des biens de la succession, quote-part qui lui est acquise au moment même du décès de son auteur, et qu'il peut réclamer pendant trente ans de l'héritier et pendant dix et vingt ans du tiers-acquéreur, dès que la loi n'a pas déterminé un moindre délai.

Si la loi accorde à l'héritier la saisine et si elle place en général l'enfant naturel dans l'obligation de lui demander la délivrance, il n'y a rien à conclure de là contre le droit de propriété de l'enfant naturel légalement reconnu.

La saisine est la possession ou le droit de l'héritier de jouir des fruits jusqu'à la demande que pourra former l'enfant naturel.

La demande en délivrance est l'action de l'enfant naturel tendant à faire cesser cette saisine ou possession et à faire courir les fruits à son profit.

La propriété acquise à l'enfant naturel au même instant que la saisine l'a été à l'héritier, se conserve à son profit tant que la prescription n'est pas acquise contre lui.

9. La succession d'un enfant naturel mort sous l'empire du Code civil est réglée par les dispositions de ce Code, et, par suite, les parents de la mère décédée n'y ont aucun droit, encore que cet enfant soit né sous une ancienne coutume qui admettait ses parents à lui succéder.

Cour de cass. du 16 avril 1834, S. V., 35, 1, 67.

10. La filiation naturelle constitue un état sur lequel il n'est pas permis de transiger, et la nullité qui résulte de cette prohibition est telle que, si une transaction sur l'état de l'enfant naturel porte en même temps sur les intérêts pécuniaires attachés à cette qualité, cette transaction est nulle, même en ce qui touche les intérêts pécuniaires.

L'enfant naturel a-t-il droit à une réserve sur les biens de ses père et mère naturels? Non résolue. (L'affirmative est aujourd'hui assez généralement admise par la Cour de cass. qui se prononce pour le droit de réserve.)

Dans tous les cas l'arrêt qui ordonne le partage de la succession du père ou de la mère naturels entre l'enfant naturel et les autres héritiers, ne préjuge nullement l'étendue et la nature des droits de cet enfant, et par suite, ne peut encourir aucune censure sous prétexte qu'il déciderait implicitement que l'enfant naturel a droit à une réserve. (C. civ. 756, 757 et 913.)

L'arrêt qui reconnaît à un individu la qualité d'enfant naturel de celui de la succession duquel il provoque le partage, motive suffisamment par cette reconnaissance le chef de son dispositif qui ordonne le partage.

Cass., 21 avril 1840, S. V., 40, 1, 873.

11. L'enfant naturel n'a droit aux fruits de la portion qui lui est attribuée dans la succession de son père, qu'à compter du jour de sa demande en délivrance. (C. civ., 724, 756.)

Cass., 22 mars 1841, S. V., 41, 1, 453.

12. Les enfants naturels reconnus peuvent, par l'exercice de la réserve que la loi leur confère, demander la réduction des donations entre-vifs antérieures à la reconnaissance : ce droit de réduction n'est pas restreint aux libéralités postérieures. (C. civ., 756, 921.)

Cass., 16 juin 1847, S. V., 47, 1, 660.

13. L'enfant naturel reconnu a, comme l'aurait un étranger, capacité pour recevoir des libéralités de ses aïeux et aïeules. (C. civ., 756 et 908.)

Rouen, 10 mars 1851, S. V., 51, 2, 211.

14. L'incapacité de recevoir au delà de ce qui leur est accordé au titre *des Successions*, établie entre les enfants naturels par l'art. 908, C. civ., ne s'applique qu'aux libéralités qui leur sont faites par leurs père et mère natu-

rels, et non à celles qui leur sont faites par les ascendants de ces derniers. (C. civ., 756, 908.)

Rouen, 20 mars 1851, S. V., 51, 2, 699.

15. Le droit de l'enfant naturel reconnu dans la succession de ses père et mère constitue un droit de propriété sur les biens de la succession, et non pas un simple droit de créance. En conséquence, l'action qui lui appartient pour l'exercice de ce droit est une véritable action en partage qui, comme telle, doit être portée devant le tribunal du lieu de l'ouverture de la succession : ce n'est point une action mixte qui pourrait être portée indifféremment, soit devant ce tribunal, soit devant celui du défendeur. (C. civ., 756, proc. 59.)

Paris, 30 juin 1851, S. V., 52, 2, 560.

16. Au cas de concours dans une succession entre les ascendants du défunt et un enfant naturel, la réserve des ascendants doit être calculée, comme celle de l'enfant naturel lui-même, sur la valeur totale de la succession : on ne doit pas, pour calculer cette réserve, distraire d'abord de la succession la réserve de l'enfant naturel. (C. Nap., 915, 916, 756, 757.)

Lorsque l'enfant naturel appelé à prendre part dans la succession du père ou de la mère qui l'a reconnu, s'y trouve en concours avec des héritiers légitimes d'ordre différent dans les deux branches paternelle et maternelle de la succession, son droit successif doit être calculé séparément dans ces deux branches, suivant l'ordre des héritiers du sang avec lesquels il se trouve en concours dans chaque branche ; de telle sorte que, s'il est en concours dans une branche avec un ascendant (auquel cas il a droit à la moitié des biens afférents à cette branche, soit au quart de la totalité de la succession) et dans l'autre branche avec de simples collatéraux autres que frères et sœurs du défunt (auquel cas il a droit aux trois quarts des biens dévolus à cette branche, soit aux trois huitièmes de la totalité de la succession), ses droits successoraux sont de un quart plus trois huitièmes, ou autrement de cinq huitièmes de la totalité de la succession. (C. Nap., 756, 757.)

Puis, les droits successoraux de l'enfant naturel ainsi déterminés, sa réserve doit être fixée à la moitié de la valeur de ces droits soit, pour l'hypothèse ci-dessus, à cinq seizièmes de la totalité de la succession, et après prélèvement de cette réserve et de celle de l'ascendant, ce qui reste forme la quotité disponible. Du reste, la réserve de l'enfant naturel doit être définitivement, suivant l'ordre des héritiers que la loi appelle à la succession *ab intestat*, sans égard aux événements qui pourraient ultérieurement les écarter. Ainsi, lorsque ces héritiers sont des collatéraux, on ne doit pas se préoccuper de la circonstance que leurs droits seraient purement éventuels, en ce qu'ils se trouveraient subordonnés à la condition que des legs faits par le défunt au profit d'un établissement public, demeureraient sans effet à défaut de l'autorisation du gouvernement pour l'acceptation de ces legs.

Amiens, 22 février 1854, S. V., 54, 2, 289.

17. Lorsque l'enfant naturel appelé à prendre part dans la succession du père ou de la mère qui l'a reconnu, s'y trouve en concours avec les héritiers légitimes d'ordre

différent, par exemple, avec des ascendants dans l'une des deux branches et avec de simples collatéraux dans l'autre, bien que la loi élève aux trois quarts de la succession les droits d'un enfant naturel en concours avec les collatéraux, ses droits doivent, en un tel cas, être calculés en une seule masse et fixés à la moitié seulement de la succession, comme s'il n'était en concours qu'avec des ascendants; il ne peut demander que ses droits soient calculés séparément dans les deux branches, suivant l'ordre des héritiers du sang avec lesquels il se trouve en concours dans chaque branche, de manière à se faire attribuer, d'une part, la moitié de la moitié afférente aux ascendants, soit deux huitièmes de la succession ; d'autre part, les trois quarts de l'autre moitié afférente aux collatéraux, soit trois huitièmes, et en tout cinq huitièmes de la masse totale à partager. (C. Nap., 756, 757.)

Il en est ainsi, alors surtout que l'ascendant avec lequel l'enfant naturel se trouve en concours dans l'une des deux branches est le père ou la mère, et non un ascendant d'un degré plus éloigné du défunt.

Bordeaux, 5 mai 1856, S. V., 56, 2, 675.

18. L'enfant naturel n'a droit aux fruits de la portion qui lui est attribée dans la succession du père ou de la mère qui l'a reconnu, qu'à compter du jour de sa demande en délivrance. (C. Nap., 756 et 1014.)

Bordeaux, 21 mars 1856, S. V., 57, 2, 175.

ART. 757.

1. La portion attribuée aux enfants naturels par les art. 757 et suivants du Code Napoléon peut être réduite par testament.

Si le père a fait un testament, cette portion doit être calculée sur la portion dont le père n'a pu disposer, aux termes des art. 913 et 915 du Code Napoléon, au préjudice de ses héritiers légitimes.

Sic Pau, arrêt du 24 mai 1806, S. V., 6, 2, 151.

La Cour s'est fondée sur ce que l'art. 913 Code civil permet au père de disposer de la moitié de ses biens, soit par acte entre-vifs, soit par testament, s'il ne laisse à son décès qu'un enfant légitime, etc., et sur ce que l'art. 915 veut que le père puisse gratifier par testament un de ses enfants légitimes de la quote-part disponible, ce qui diminue les droits des autres enfants légitimes;

Que ce serait faire outrage à la loi que de supposer qu'elle eût donné à un père le droit de diminuer, par des dispositions testamentaires, les droits qu'elle assigne aux enfants légitimes dans les successions légales, et qu'elle ne lui ait pas donné un droit égal pour les enfants naturels. La nature et la loi répugnent à une pareille idée.

Cet arrêt a été cassé par un arrêt de la Cour de cassation du 26 juin 1809.

2. La représentation établie au profit des enfants des frères du défunt ne peut être étendue au delà des cas prévus par l'art. 742, C. civ.

Ainsi, l'enfant naturel en concours avec des neveux du défunt recueille trois quarts, en ce qu'il ne concourt ni avec des ascendants, ni avec des descendants, ni avec des frères ou sœurs.

Agen, 16 avril 1822, F., 23, 2, 63.

Cass., 20 février 1823, S., 23, 1, 166.

3. Lorsqu'un enfant naturel, en concours avec des collatéraux successibles, mais non réservataires, a été institué par son père légataire universel, ce legs peut être considéré comme démontrant l'intention du père de donner à son enfant naturel la portion la plus élevée qu'il puisse recueillir, c'est-à-dire les trois quarts de la succession, d'après l'art. 757, C. civ. En conséquence les juges peuvent décider que le paiement des legs particuliers doit être pris sur le quart dévolu aux héritiers.

Cass., 29 nov. 1825, S. V., 26, 1, 210.

L'enfant naturel a une réserve.

Sic Cass., 9, 1, 337.

4. La présomption de la loi en matière d'interposition de personne, cesse au cas où les faits excluent toute possibilité d'interposition réelle.

Ainsi la donation faite par un père ou une mère à l'enfant de son enfant naturel au-delà de ce qui est permis par les art. 757 et suiv. du Code civil, est valable si cette donation est postérieure au décès de l'enfant naturel. Dans ce cas l'enfant de l'enfant naturel ne peut plus être considéré comme personne interposée (757, 908 et 911).

Colmar, 31 mai 1825, S. V., 26, 2, 30, 282.

5. L'enfant naturel n'a pas de réserve sur les biens

dont son père ou sa mère a disposé par donation. — De là il suit qu'il ne peut attaquer, comme contenant une donation déguisée, les ventes consenties par son père ou sa mère. (C. civ., 757 et 921.)

Lyon, 16 juin 1828, S. V., 29, 2, 109.
Lyon, 16 juin 1828, S. V., 21, 2, 215.
Contra, S. V., 9, 1, 337.
S. V., 10, 2, 259.
S. V, 12, 2, 1 et 411.

6. L'enfant naturel reconnu ne peut demander le rapport en nature des biens donnés à l'enfant légitime par le père commun; il n'a droit qu'au rapport *fictif*, et en ce cas le rapport fictif doit avoir lieu, non selon la valeur des biens au moment de la donation, mais d'après leur valeur à l'époque de l'ouverture de la succession. (C. civ., 757, 860, 922.)

Paris, 5 juin 1826, S. V., 29, 2, 229.

7. L'enfant naturel peut-il prétendre que les droits que lui accorde l'art. 757, C. N., doivent s'exercer sur les biens donnés, comme sur tous ceux possédés à d'autres titres par son auteur, le droit de retour s'exerçant quant au surplus. (Res. neg.)

Cass., 3 juillet 1832, S. V., 32, 1, 498.

8. La représentation n'a pas lieu en faveur des descendants des frères ou sœurs qui se trouvent en concours avec un enfant naturel du défunt. L'enfant naturel a donc droit dans ce cas aux trois quarts de la succession, et non pas seulement à la moitié (742 et 757).

Cass., 28 mars 1833, S. V., 33, 1, 284. Arrêt remarquable.

Sic Grenier, *des Donations*, t. II, nº 667.

Favard de Langlade, *Manuel pour le partage des successions*, p. 134, et Malgel, nº 159.

Contra Chabot, *des Successions*, t. II, p. 164 et suiv.

Maleville, t. II, 237.

Merlin, vº *Représentation*.

Delvincourt, t. II, p. 21.

Toullier, t. IV, nº 233.

Delaporte, *Pandectes françaises*, t. III, p. 112.

Duranton, sur l'art. 757.

La section Ire du chap. IV intitulé *des Successions irrégulières* (liv. III, t. Ier) a été exclusivement consacrée par le législateur à déterminer le droit des enfants naturels sur les biens de leurs père et mère, et à fixer la succession aux mêmes enfants naturels décédés, sans postérité.

L'art. 757 porte entre autres choses, et en termes exprès, que, lorsque les père et mère ne laissent ni ascendants, ni descendants, ni frères, ni sœurs, le droit de l'enfant naturel est des trois quarts de la portion héréditaire que le même enfant naturel aurait eue, s'il eût été légitime.

La disposition de l'article 742 qui admet en ligne collatérale, la représentation en faveur des enfants et descendants des frères et sœurs du défunt, s'appliquant uniquement aux successions régulières, ne pourrait être appliquée aux successions irrégulières que dans le cas seulement où la même disposition aurait été reproduite dans la loi spéciale de la matière.

Loin de là, le législateur, dans ces successions irrégulières, n'en parle pas.

L'art. 766 seul, en donnant la succession à l'enfant naturel dans les biens autres que ceux que le même enfant aurait reçus de ses père et mère, et en voulant déférer cette même succession, non-seulement à ses frères et sœurs naturels, mais encore à leurs descendants, le législateur a pris soin de les y appeler en termes formels; tous les autres biens, porte l'art. 766, passeront aux frères et sœurs naturels ou à leurs descendants, ce qu'il n'a pas fait à l'égard des cas prévu par l'art. 757.

La lettre de la loi est conforme à son esprit; plus la consanguinité s'éloigne, moins l'injure est grave. Le législateur a donc pu, il a même dû borner la liberté souveraine de tester du père naturel avec plus de rigueur, à l'égard de ses frères et sœurs, qu'à l'égard de ses neveux et nièces.

9. Les père et mère d'un enfant naturel ont droit à une réserve sur les biens de la succession de leur enfant légalement reconnu.

Bordeaux, 24 avril 1834, S. V., 34, 2, 461.

Sic Grenier, *des Donations*, t. II, n° 676.

Contra Delvincourt, t. II, p. 275.

Malpel, n° 167.

Chabot, *des Successions*, t. II, p. 351.

10. Les enfants naturels reconnus ont droit à une réserve légale sur les biens de leurs père et mère, et ce droit les autorise à demander la réduction des donations entre-vifs, par suite desquelles ils se trouveraient privés de la portion des biens que la loi leur attribue... alors même que les donations seraient antérieures à la reconnaissance.

Toulouse, 15 mars 1834, S. V., 34, 2, 537. Question controversée. (Voir t. XXXI, 1, 279.)

11. Lorsqu'un enfant naturel a été institué par son père (n'ayant aucun héritier à réserve), légataire des trois quarts de la succession (quotité déterminée par l'art. 757 C. civ.), et que le père a disposé du dernier quart en faveur d'un étranger, les collatéraux successifs peuvent-ils demander, à raison de cette dernière disposition, la réduction du legs fait à l'enfant naturel, et prétendre que cet enfant n'a droit qu'aux trois quarts des trois quarts (neuf seizièmes des biens de la succession)? *Res. neg.*

Paris, 11 février 1836, S. V., 36, 2, 406.

12. Le père d'un enfant naturel reconnu (n'ayant ni héritiers à réserve, ni frères, ni sœurs) peut, en léguant le quart de ses biens au profit d'un étranger, disposer en faveur de son enfant naturel de la totalité des trois quarts auxquels celui-ci aurait légalement droit s'il n'y avait pas legs du quart.

Les collatéraux ne sont pas fondés à demander dans ce cas la réduction du legs de l'enfant et à prétendre qu'il n'a droit qu'aux trois quarts des trois quarts. (C. civ., 757 à 809.)

Cass., 14 mars 1837, S. V., 37, 1, 315.

13. Le légataire universel n'a pas droit, en cette seule qualité, de demander la réduction d'une donation faite à un enfant naturel comme excédant ce dont il était permis de disposer en sa faveur. Ce droit n'appartient qu'à l'héritier légitime. (C. civ., 757, 908, 920 et 921.)

Paris, 16 juin 1838, S. V., 38, 2, 467.

14. Ce n'est pas l'existence des collatéraux successibles, mais leur concours comme héritiers, qui a pour effet

de réduire les droits successifs de l'enfant naturel. Ainsi lorsque le père ou la mère d'un enfant naturel n'ayant aucun héritier à réserve, ont institué un tiers légataire universel, et exclu ainsi leurs héritiers légitimes, l'enfant naturel a droit à la moitié de la succession, et non pas seulement à la moitié des trois quarts ou aux trois huitièmes. (C. civ., 757, 758 et 913.)

Toulouse, 8 juin 1839, S. V., 39, 2, 358.

15. L'enfant naturel en concours avec des neveux ou nièces de son père a droit aux trois quarts de la succession, comme si ceux-ci n'existaient pas; le bénéfice de la représentation n'a pas lieu en leur faveur. (C. civ., 757.)

Rouen, 14 juillet 1840, S. V., 40, 2, 524.

16. Le legs fait à un enfant naturel reconnu tel par le testament même contenant la libéralité, s'il a évidemment pour cause cette qualité d'enfant naturel du testateur, doit encore, bien que la reconnaissance soit annulée comme irrégulière, être réduit à la quotité dont il est permis de disposer en faveur d'un enfant naturel et annulé pour le surplus. (C. civ., 757, 908.)

Cass., 7 décembre 1840, S. V., 41, 1, 140.

17. L'héritier qui approuve, en l'exécutant, la disposition par laquelle un legs excessif est fait à un enfant naturel se rend par là non-recevable à en demander la nullité. (C. civ., 6, 757, 908 et 1338.)

Cass., 16 août 1841, S. V., 41, 1, 609.

18. Le droit de l'enfant naturel sur la succession de son père ou de sa mère n'est que de moitié lorsqu'il existe

des neveux ou nièces de ces derniers; les neveux viennent à la succession par représentation de leurs auteurs prédécédés. (C. civ., 557.)

Rennes, 26 juillet 1843, S. V., 44, 2, 341.

19. Les enfants naturels reconnus ne peuvent, par l'exercice de la réserve que leur confère la loi, demander la réduction des donations entre-vifs antérieures à la reconnaissance; ce droit de réduction n'existe pour eux qu'à l'égard des libéralités postérieures. (C. civ., 757 et 921.)

Rouen, 27 janv. 1844, S. V., 44, 2, 534.

20. L'héritier légitime qui a ratifié expressément ou tacitement la disposition excessive faite par l'auteur commun au profit d'un enfant naturel est sans droit pour demander ensuite la réduction de cette disposition : l'incapacité des enfants naturels pour recevoir au delà de ce que la loi leur réserve n'est pas absolue, mais seulement relative. (C. civ., 757, 908.)

Toulouse, 7 février 1844, S. V., 45, 2, 256.

21. Le droit de l'enfant naturel dans la succession de ses père et mère est réduit à la moitié de la portion qu'il aurait eue s'il eût été légitime, par cela seul que les père et mère ont laissé des frères ou sœurs, encore que ces frères ou sœurs soient exclus de la succession en ce que, par exemple, les défunts auraient institué un légataire universel. C'est l'existence des frères ou sœurs et non leur concours comme héritiers qui a pour effet de réduire le droit de l'enfant naturel. (C. civ., 757.)

Cass., 15 mars 1847, S. V., 47, 1, 178.

22. Les droits de l'enfant naturel sur les biens de ses père et mère, tels qu'ils sont réglés par l'art. 757 du C. civ., se déterminent en ayant égard à l'état de la famille, c'est-à-dire au nombre et à la qualité des parents laissés par le père ou la mère, lors même que ces parents ne leur succèdent pas en qualité d'héritiers.

Le droit de l'enfant naturel qui est de moitié lorsque les père ou mère laissent des frères ou sœurs, doit-il être étendu aux trois quarts lorsqu'ils ne laissent que des neveux ou des nièces (*Res aff.*)? dans les motifs seulement. La réduction des droits de l'enfant naturel, autorisée par l'art. 761, C. civ., s'opère par la volonté seule de ses père et mère sans que l'acceptation de l'enfant soit nécessaire pour la valider, et une telle réduction n'a pas besoin d'être déclarée dans l'acte même qui renferme la donation, elle peut l'être dans un acte ultérieur.

Cette réduction peut être cumulée avec celle résultant des dispositions faites par les père et mère de l'enfant naturel, jusqu'à concurrence de la quotité disponible; en sorte que la moitié à laquelle l'enfant est réduit doit alors se calculer seulement sur la quotité disponible.

Cass., 31 août 1847, S. V., 47, 1, 785.

23. Lorsque l'enfant naturel est en concours avec des neveux ou nièces de son auteur, la portion qu'il doit prendre dans la succession n'est pas réglée comme s'il était en concours avec les frères ou sœurs du défunt : à son égard, les neveux et nièces ne viennent pas par représentation des frères et sœurs. En un tel cas, donc, l'enfant naturel a droit aux trois quarts des biens. (C. Nap., 757.)

Bordeaux, 11 mars 1853, S.V., 53, 2, 218.

24. La part attribuée à l'enfant naturel dans la succession de ses père et mère peut être diminuée par les dispositions faites par ces derniers dans la même proportion que si l'enfant eût été légitime. L'enfant naturel ne serait pas fondé à prétendre que cette part héréditaire est fixée d'une manière invariable par l'art. 858, C. Nap., et qu'elle ne peut être réduite par aucunes dispositions entre-vifs ou testamentaires. (C. Nap., 757, 913 et suiv.)

Si donc l'enfant se trouve en concours avec un ascendant et des frères et sœurs, il ne peut prétendre avoir un droit irréductible à la moitié de la succession, qui, pour ce cas, lui est attribuée par l'art. 757. Il n'a droit qu'à une réserve proportionnelle à celle qui lui aurait appartenu s'il eût été légitime, c'est-à-dire à la moitié de sa moitié, soit au quart de la succession totale; par suite, le testament qui lègue à l'ascendant un quart (constituant sa réserve), aux frères et sœurs un autre quart, et à l'enfant naturel la moitié, en grevant cette moitié de charges qui ne le réduisent pas au-dessous du quart, ne cause aucun grief à l'enfant naturel et doit recevoir son exécution.

Cass., 29 juin 1857, S. V., 57, 1, 745.

25. La part attribuée à l'enfant naturel dans la succession de ses père et mère. reçoit une réduction, non point seulement dans le cas où les père ou mère ont usé de la faculté que leur accorde l'art. 761, C. Nap., ou bien ont gratifié un tiers de toute la quotité disponible, mais encore par cela seul qu'ils ont fait, au profit d'un tiers, une disposition même inférieure à cette quotité. (C. Nap., 757 et 913.)

Ainsi, l'enfant naturel qui se trouve en concours avec des frères et sœurs de ses père ou mère ne peut prétendre avoir un droit irréductible à la moitié de la succession, qui, pour ce cas, lui est attribuée par l'art. 757, si les père ou mère ont fait au profit d'un étranger un legs à titre universel, encore bien que ce legs n'absorbe pas toute la quotité disponible et soit, par exemple, de la moitié au lieu des trois quarts. Dans ce cas, l'enfant naturel n'a droit qu'à la moitié de l'autre moitié de la succession, c'est-à-dire à un quart, et le dernier quart appartient aux frères et sœurs.

Les père ou mère pourraient-ils, par dérogation à ce principe, disposer en faveur de leur enfant naturel, à l'exclusion de leurs frères et sœurs, de toute la partie de leur fortune dont ils n'auraient pas disposé au profit d'un étranger?

En tout cas, cette exclusion des frères et sœurs ne saurait, en l'absence d'une disposition expresse, être admise par les juges à l'aide de présomptions ou d'interprétations de la volonté du testateur.

Cass., 15 novembre 1859, S. V., 59, 1, 881.

26. L'enfant naturel reconnu, auquel ses père et mère ont légué toute la portion que la loi lui permettait de recueillir dans leur succession, ne peut exiger que, pour le calcul de cette portion, les biens antérieurement donnés entre-vifs par ses père ou mère soient réunis fictivement aux biens existant au jour du décès, alors d'ailleurs qu'aucune atteinte n'a été portée à sa réserve, et qu'il n'existe pas d'autres héritiers réservataires. Ce n'est que sur ces derniers biens que doit être calculée la portion héréditaire qui lui a été léguée.

... Et cela alors même que le père ou la mère aurait,

dans son testament, prescrit cette réunion fictive. (C. Nap., 757, 908 et 922.)

Dans l'évaluation d'un usufruit donné ou légué, on doit, notamment lorsqu'il s'agit d'un partage de succession, avoir égard à l'âge et au nombre des usufruitiers, ainsi qu'aux charges qui peuvent peser sur le nu-propriétaire, suivant la nature des biens grevés d'usufruit.

Orléans, 7 janvier 1860, S. V., 60, 2, 225.

27. L'adoption est permise à celui qui a des enfants naturels reconnus; la disposition de l'art. 343 (C. Nap.) suivant laquelle l'existence d'enfants légitimes met obstacle à l'adoption, ne saurait être étendue au cas d'existence d'enfants naturels.

L'enfant naturel peut être adopté par le père ou la mère qui l'a reconnu, et cette adoption lui confère même vis-à-vis des autres enfants naturels reconnus de l'adoptant, tous les droits d'un enfant légitime; on objecterait vainement que le père ou la mère ne peut, par une semblable adoption, diminuer les droits attribués à ces autres enfants naturels par les art. 757 et 758 (C. Nap.)

Cass., 3 juin 1861, S. V., 61, 1, 990.

28. L'enfant naturel, en concours avec des neveux et nièces de son auteur, a droit aux trois quarts de la succession, et non pas seulement à la moitié, comme lorsqu'il est en concours avec des frères ou sœurs du défunt : en ce cas, les neveux et nièces ne viennent pas par représentation des frères et sœurs. (C. Nap., 757.)

L'enfant naturel n'est pas tenu d'imputer sur sa part dans la succession de son père, les cadeaux de noces ou présents d'usage qui lui ont été faits par celui-ci... Et cela alors même que l'importance de ces cadeaux ou présents se trouverait confondue dans le chiffre de la dot qui lui a été constituée. (C. Nap., 760 et 852.)

Au cas où un enfant naturel demande à être dispensé d'imputer sur la part lui revenant dans la succession de son père une somme qu'il prétend s'être lui-même constituée en dot, les juges peuvent, sans excès de pouvoirs, tout en rejetant le surplus de cette demande, dispenser l'enfant naturel de l'imputation d'une somme qu'ils arbitrent comme représentant des cadeaux de noces et présents d'usage.

Cass., 15 janv. 1862, S. V., 62, 1, 225.

La part héréditaire de l'enfant naturel dans la succession de son père se détermine d'après l'état de la famille légitime au moment du décès. Si donc le père laisse des frères ou sœurs, cette part ne peut excéder la moitié de la succession, bien que les frères ou sœurs soient exclus par l'institution d'un légataire universel. (C. Nap., 757.)

L'action en réduction d'une donation entre-vifs faite par le père à l'enfant naturel, et qui dépasse sa part héréditaire, étant fondée sur les dispositions d'ordre public qui limitent les droits des enfants naturels, peut être exercée par tout ayant-droit à la succession, et par conséquent par le légataire universel. (C. Nap., 908, 921 et 1003.)

Mais la réduction demandée par le légataire universel ne doit porter que sur ce qui excède la quotité attribuée par la loi à l'enfant naturel, eu égard au degré de parenté des successibles auxquels le légataire universel est substitué, et dès lors, dans le cas où ces parents sont des frères ou sœurs, sur la somme qui dépasse la moitié du montant de la succession : la donation ne doit pas être réduite jusqu'à concurrence de la réserve de l'enfant naturel.

Au cas de donation entre-vifs faite à l'enfant naturel par son père, sans que celui-ci ait manifesté, par la déclaration prévue dans l'art. 761 C. Nap., la volonté de limiter la part de l'enfant donataire à la réserve fixée par cet article, et qui est du quart si les parents laissés par le père sont des frères ou sœurs, cette donation a saisi irrévocablement l'enfant jusqu'à concurrence de la part héréditaire réglée par l'art. 757; par suite, le légataire universel n'est pas fondé à demander la réduction de la disposition entre-vifs à cette réserve du quart, disposition à laquelle le legs universel n'a pu porter atteinte.

L'enfant naturel qui a soutenu devant les juges du fond avoir droit à telle part déterminée de la succession de son père, est recevable à proposer devant la cour de cassation, pour justifier cette prétention, un moyen de droit différent de celui qu'il avait invoqué en premier instance, et en appel spécialement, après avoir prétendu qu'il devait recueillir la moitié de la succession à titre de réserve, il peut soutenir, à l'appui de son pouvoir contre l'arrêt qui la lui a refusée que cette moitié lui appartient, non plus comme réservataire, mais à titre de part héréditaire non réduite à la réserve.

Cass., 7 fév. 1865, S. V., 65, 1, 105.

A la suite de cet arrêt se trouve rapportée une dissertation de M. Moreau sur ces diverses questions. Elle est très-complète, et nous la reproduisons en entier. Elle est ainsi conçue :

La part que l'art. 757 C. Nap., attribue à l'enfant naturel dans la succession du père ou de la mère qui laisse des frères ou sœurs est de la moitié de celle qu'il aurait eue s'il eût été légitime. Dans l'espèce que nous recueillons ici, l'enfant avait reçu de son père une donation qui dépassait cette moitié, et par cela même était réductible en vertu de l'art. 908 C. Nap.; mais l'action en réduction que les frères ou sœurs eussent pu exercer si le défunt, usant de son droit de préférer à ses parents non réservataires telles autres personnes qu'il voulait gratifier, n'eût institué, sa veuve légataire universelle appartenait-elle à la légataire universelle, à défaut de ces frères ou sœurs ainsi écartés de la succession ? Notre arrêt se prononce pour l'affirmative, et l'on ne peut qu'approuver cette solution : d'une part à cause du droit général du légataire universel de recueillir ce dont le testateur avait disposé en faveur d'incapables (Cass., 24 mai 1837, S. 1857, 1, 807, P. 1837, 2, 542 ; 3 mars 1857, S., 1857, 1, 182, P. 1857, 550, 7 avril 1863, S. 1863, 1, 172, P. 1863, 737); de l'autre parce que l'art. 908 C. Nap., d'où naît l'action en réduction, est du nombre des dispositions qui, tenant aux bonnes mœurs, au respect du mariage, et par conséquent à l'ordre public, peuvent à ce titre, être invoquées par quiconque a intérêt à le faire. De même que les art. 756 et suivants, l'art. 908 a été édicté pour marquer la distance à laquelle l'enfant naturel doit être tenu des enfants légitimes et des autres membres de la famille. Dans la pensée du législateur, il s'agit moins de l'intérêt pécuniaire des parents dont l'existence est la raison de restreindre la part de l'enfant naturel, que de l'incapacité par celui-ci de recueillir, en l'état de la famille, une part plus considérable. C'est en se plaçant à ce point de vue que la Cour de cassation a décidé que ceux des parents non héritiers, à réserve, et qui, par l'effet des dispositions du défunt sont exclus de sa succession, ou bien ceux qui, sans en être exclus, ne se présentent pas pour y être admis, n'en font pas moins obstacle à ce que la part de l'enfant naturel soit réglée comme si le défunt était sans famille légitime. *V.* Cass., 15 mars 1847 (S. 1847, 1, 178, P. 1847, 1, 475) et la note 31 août 1847 (S. 1847, 1, 785, P. 1847, 2, 513). *V.* aussi Lyon, 23 mars 1855 (P. 1857, 814); Grenoble, 30 décembre 1858, joint à Cass. 13 janvier 1862 (P. 1862, 557) et la note; *Contra*, Bordeaux, 26 juin 1861 (P. 1862, 552). —Pour les auteurs, voyez-en l'indication dans les observations jointes à l'arrêt du 31 août 1847 précité; *adde*, dans le sens de la jurisprudence de la Cour de cassation : MM. Cadrès, *Traité des enfants naturels*, n° 196; Vazeille, *Success.*, t. I, sur l'art. 761, n° 3;— Troplong, *Donat. et testament*, t. II, n° 775; Demolombe, *Success.*, t. II, n° 55; Aubry et Rau d'après Zachariæ, t. V, § 686, note 6, et en sens contraire MM. Massé et Vergé sur Zachariæ, t. II, § 369, p. 273, note 8.—En présence de la théorie qui a prévalu sur la question, il ne pouvait plus y avoir de difficulté sérieuse pour le droit du légataire universel de réclamer la réduction en vertu de l'art. 908 C. Nap. — D'ailleurs, dans le système contraire, comme on l'a fait observer, l'incapacité de l'enfant naturel eût été facilement éludée toute les fois que le père n'eût point laissé d'héritiers à réserve : il eût suffi au père d'exhéréder ses parents par l'institution d'un légataire universel étranger, pour donner à l'enfant le moyen de retenir le bénéfice entier d'une disposition excessive frappée de la prohibition de la loi. *V.* conf. à la solution ci-dessus, l'arrêt de Lyon précité; MM. Cadrès, *op. cit.* n° 237; Troplong, *Donat. et testament*, t. II, n° 634; Demolombe, *id.*, t. I, n° 687 et suiv.; *Contra*, Paris, 16 juin 1838 (S 1838, 2, 467, P. 1838, 2, 75), MM. Loiseau, *Traité des enfants naturels*, p. 674; Levasseur, *De la portion disponible*, n° 67; Saintespès-Lescot; *Donat. et testament*, t. I, n° 237; Aubry et Rau d'après Zachariæ, t. V, § 649, texte et note 73, p. 449.

Après avoir posé le principe de la réduction sur la demande du légataire universel, la Cour de cassation avait à décider, dans notre espèce, si, comme l'avait jugé l'arrêt attaqué, il y avait lieu de fixer au quart seulement des biens du défunt la part de l'enfant naturel, ou si, selon le système du pourvoi, elle devait être réglée à la moitié de ces biens, et la donation n'être réduite que pour l'excédant. D'après l'art. 757, l'enfant naturel avait droit à la moitié des biens, puisque son père n'avait laissé que des frères. Le légataire universel, que la disposition du testateur avait substitué à ces derniers, n'avait pas un droit de réduction plus étendu que celui qui leur eût appartenu s'il n'y avait pas eu de legs universel. C'était donc, dans les deux hypothèses, à la même quotité que la donation faite à l'enfant naturel devait être réduite. Pour motiver la réduction au quart au lieu de la moitié, la Cour de la Guadeloupe s'était fondée sur la jurisprudence qui déclare la part de l'enfant naturel réductible à la réserve du quart par le fait seul de libéralités du père au profit de tiers, libéralités rentrant dans l'exercice de son droit de donner ou de léguer la portion disponible de ses biens. Partant de ce point, l'arrêt attaqué avait considéré que l'effet de l'institution du légataire universel avait été nécessairement de fixer à la réserve d'un quart seulement, c'est-à-dire à celle que détermine l'art. 761 C. Nap., le droit de l'enfant naturel. Mais la Cour régulatrice n'a point pensé que la jurisprudence dont la Cour impériale faisait ainsi la base de sa décision fût ici applicable, et, bien que les considérants de son arrêt ne soient pas explicites sur ce point, elle a, par le fait, condamné le système de l'arrêt qui lui était dénoncé. L'erreur de ce système tenait à une assimilation inadmissible entre deux situations toutes différentes ; celle de l'enfant, qui a reçu par donation entre-vifs une certaine portion des biens de son père, et celle de l'enfant naturel, dont les droits ne s'ouvrent que par le décès de son père, qui n'avait fait aucune disposition en sa faveur. Dans ce dernier cas, venant à la succession et trouvant la portion disponible épuisée par les libéralités entre-vifs et testamentaires, il faut bien qu'il subisse la diminution de part qui en résulte pour lui; son droit se borne, dans cette hypothèse, à demander sa réserve telle que la règle l'art. 761. Lorsqu'au contraire l'enfant naturel a été doté par son père, et a reçu d'avance, au moyen de cette donation, une part égale à la quotité que l'art. 757 permettait au père de lui donner, il a été nanti par cette disposition au préjudice de laquelle le père n'a pu faire aucune libéralité ultérieure. L'enfant naturel a, par suite de cette donation, un droit définitif. Que si la donation dépasse la quotité dont le père avait la disposition en faveur de l'enfant naturel, c'est-à-dire, dans l'espèce, la moitié de sa fortune, la donation est simplement réductible jusqu'à concurrence de l'excédant. Quant à la portion disponible, l'enfant naturel la retient comme en ayant été irrévocablement saisi. Remarquons qu'il ne s'agit nullement ici du pouvoir que l'art. 761 C. Nap., donne au père de réduire la part de l'enfant à la moitié du maximum que celui-ci est habile à recueillir dans sa succession, et par conséquent au quart dans le cas où les parents qui survivent au père sont des frères ou sœurs; ce pouvoir ne peut s'exercer que par une déclaration expresse qu'ici ne contenait pas la donation — et dût-on admettre, conformément à l'arrêt de la Cour de cassation du 31 août 1847 précité ainsi qu'à l'opinion de MM. Duranton, t. VI, n° 304, Zachariæ, et ses annotateurs, Massé et Vergé, t. II, § 369, p. 278, note 22, et contrairement à l'opinion très-fortement motivée de M. Demolombe, *Success.*, t. II, n° 105, que la volonté du père donateur de réduire l'enfant naturel à la stricte réserve puisse être exprimée par un acte postérieur à la donation, il n'est pas besoin de se préoccuper ici de cette réduction après coup, car la déclaration qui seule aurait pu la produire et qui d'ailleurs faite par disposition testamentaire, au lieu d'un acte entre-vifs, eût été irrégulière et nulle (Rennes, 21 juillet 1860, § 1861, 2, 86, P. 1860, 1084 et la note) n'a jamais eu lieu. Aussi l'arrêt attaqué avait-il exclusivement induit la réduction au quart de l'existence du legs universel, et l'on a vu qu'en cela il portait atteinte à l'irrévocabilité de la donation pure et simple faite par le père à son enfant naturel, atteinte d'autant plus manifeste qu'elle avait pour résultat de faire prévaloir en partie sur la donation une libéralité postérieure au profit d'un légataire universel qui, d'après la nature même de son titre, s'il devait recueillir la portion des biens de la succession que l'enfant naturel était incapable de recevoir, n'avait néanmoins aucun droit pour lui disputer celle dont le père s'était légalement dessaisi pendant sa vie.

ART. 759.

« En cas de prédécès de l'enfant naturel, ses enfants ou descendants peuvent réclamer les droits fixés par les articles précédents. » (N. 759, s. 756.)

L'art. 759 ne prévoyant que le cas *de prédécès*, on s'est demandé si les descendants auraient le même droit en cas de renonciation ou d'indignité. Nous croyons que l'affirmative n'est point douteuse, que les mots « *en cas de prédécès* » de l'article ci-dessus, ne sont pas limitatifs, mais purement énonciatifs, et que les descendants de l'enfant naturel peuvent réclamer les droits lui revenant, soit dans le cas de prédécès de ce dernier, ou s'il a renoncé, ou s'il est exclu pour cause d'indignité.

Demolombe, t. II, *des Successions*, n° 86.

Duvergier sur Toullier, t. II, n° 259, note 1.

Zachariæ (Massé et Vergé), t. II, p. 278.

L'art. 759 parle des *descendants*, il n'établit pas de distinction entre les descendants légitimes et les descendants naturels, il faut donc admettre que ces derniers peuvent user du bénéfice de l'art. 759.

JURISPRUDENCE

ART. 759.

Dans le sens de l'art. 908 C. Civ., l'incapacité de recevoir établie contre les enfants naturels, s'étend à leurs enfants ; le mot enfants signifie *descendants.* Ainsi, les enfants légitimes d'un enfant naturel ne peuvent, de même que leur père, rien recevoir par testament, au delà de ce que celui-ci aurait pu recevoir lui-même dans la succession de leur aïeul. (C. Civ., 759, 908.)

Paris, 26 décembre 1828, S. V. 29, 2, 124.

On soutenait que le mot *enfant* ne devait s'entendre, sauf disposition contraire, que du premier degré..., que dès lors l'art. 908, en disposant que les enfants naturels ne pourront rien recevoir au delà de ce qui leur est attribué au titre *des Successions,* ne concerne que les enfants naturels eux-mêmes et ne peut être étendu à leurs descendants.

L'art. 759 n'est applicable qu'au cas de succession *ab intestat*, et non au cas de succession testamentaire.

ART. 760.

« L'enfant naturel ou ses descendants sont tenus d'imputer sur ce qu'ils ont droit de prétendre, tout ce qu'ils ont reçu du père ou de la mère dont la succession est ouverte, et qui serait sujet à rapport, d'après les règles établies à la section II du chap. IV du présent titre. » (N. 843 s.)..

D'après cet article, la part que l'enfant naturel ou ses descendants ont droit de recueillir dans la succession *ab intestat* se diminue de la valeur que le défunt avait donnée entre-vifs.

C'est une conséquence de l'art. 908, qui défend aux père et mère d'avantager leur enfant naturel au préjudice de la famille héréditaire. S'il n'était pas soumis à l'imputation dont s'agit, l'enfant naturel donataire entre-vifs aurait quelque chose de plus que sa part héréditaire.

L'imputation de l'art. 760 doit avoir lieu de tout ce que l'enfant naturel a reçu, sous une forme quelconque, soit directement par lui-même, soit indirectement par ses enfants ou descendants ou par son conjoint. Ainsi l'enfant naturel, à la différence de l'héritier légitime (919), doit imputer tout, même ce qu'il a reçu avec dispense d'imputer.

Les descendants légitimes de l'enfant naturel venant par représentation en cas de prédécès de ce dernier, ou de leur chef, si leur auteur renonce ou qu'il soit exclu pour cause d'indignité, doivent aussi imputer tout ce qu'il a reçu, et tout ce qu'ils ont reçu eux-mêmes.

L'imputation dont il s'agit ici ne doit-elle pas être assimilée au rapport ordinaire ?

La question est délicate et fort controversée.

Deux systèmes se sont produits :

Le premier déclare que l'imputation dont parle l'art. 760 constitue une opération toute différente du rapport de l'art. 843.

Le second système, au contraire, assimile l'imputation dont s'agit à un véritable rapport, et la soumet à toutes les conséquences qui dérivent du rapport.

A l'appui du premier système on prétend que l'imputation, à la différence du rapport, n'entraîne aucune résolution de la donation, quelle que soit la nature de la chose qui en a fait l'objet ; que cette chose n'a jamais pu cesser d'appartenir au donataire, qui en a été saisi irrévocablement depuis le jour de la donation, que par conséquent elle ne peut rentrer en aucune façon, pas même fictivement, dans la succession.

Cela est si vrai, ajoute-t-on, que l'article se sert du mot *imputer*.

Voyez Chabot, art. 760, n° 2.
Poujol, art. 760, n° 1.
Aubry et Rau sur Zachariæ, t. IV.
Massé et Vergé sur Zachariæ, t. II.
Vazeille, art. 760.
Marcadé, art. 760.

M. Demolombe ne partage pas cette opinion, qu'il combat par de puissantes considérations de droit. Nous concluons, dit l'éminent jurisconsulte (tome II, *des Successions*, page 159), après une savante dissertation sur la question, qu'il n'y a pas de différence entre l'imputation et le rapport (Cass., 28 juin 1831; Dev., 1831, 1, 18; Cass., 16 juin 1847; Dev., 1847, 1, 660; Agen, 29 novembre 1847; Dev., 1848, 2, 39). Et comme conséquence de cette conclusion, il applique à l'imputation les art. 855, 856, 857 et 859, applicables au rapport.

Lorsque le *de cujus* ne laisse que des enfants naturels sans autres parents successibles, y a-t-il lieu à l'imputation de l'art. 760? Oui.

Toulouse, 8 février 1840.

Zachariæ (éd. Aubry et Rau), t. IV, p. 521.

L'enfant naturel, en renonçant à la succession, pourrait-il conserver le don ou le legs qui lui aurait été fait dans les limites légales, et se soustraire ainsi à l'imputation de l'art. 760? Oui.

Argument des articles 845 et 908. Bordeaux, 6 août 1827.

Les descendants de l'enfant naturel, après le décès de leur auteur, peuvent-ils, par donation entre-vifs ou par testament, recevoir personnellement de leurs aïeul et aïeule, au delà de ce qui leur est

On répond que la différence n'est que dans les mots. D'abord comment l'enfant naturel ferait-il l'imputation sur sa part lorsqu'il aurait reçu plus que sa part?

L'imputation comme le rapport a pour but de partager la masse partagable, et de déterminer la part de l'enfant naturel. —La loi s'est servie à l'égard de ce dernier du mot *imputation*, parce qu'elle ne pouvait pas employer le mot rapport, car le rapport n'est dû que d'héritier à héritier, et les enfants naturels ne sont pas héritiers (857 et 756).

Enfin l'arrêt fait remarquer qu'en supposant que l'enfant naturel dût les fruits, en règle générale, il serait dispensé de les rendre, aux termes de l'art. 928, portant que le donataire n'est tenu à restituer les fruits, à compter du décès du donateur, que lorsque la demande en réduction a été formée dans l'année.

La disposition de l'art. 928 ne peut être invoquée lorsqu'il s'agit du rapport, ou ce qui est la même chose, d'imputation; elle n'est applicable qu'au cas de réduction de donations excessives. (Chabot, art. 856).

ART. 761.

« Toute réclamation leur est interdite, lorsqu'ils ont reçu, du vivant de leur père ou de leur mère, la moitié de ce qui leur est attribué par les articles précédents, avec déclaration expresse, de la part de leurs père ou mère, que leur intention est de réduire l'enfant naturel à la portion qu'ils lui ont assignée.

« Dans le cas où cette portion serait inférieure

à la moitié de ce qui devrait revenir à l'enfant naturel, il ne pourra réclamer que le supplément nécessaire pour parfaire cette moitié. » (N., 756, S., 932, 1150.)

Cet article est une dérogation aux art. 757 et 758. Il constitue aussi une dérogation à la règle d'après laquelle une personne ne peut modifier les droits de ceux qui viennent à sa succession qu'en disposant par testament au profit d'autres personnes.

Le législateur a voulu donner aux père et mère le moyen de réduire de leur vivant les prétentions de leur enfant naturel sur leur succession *ab intestat.*

Mais de quelle manière, par quelle disposition cette réduction de moitié sur la part revenant à l'enfant naturel pourra-t-elle être opérée?

Sera-ce au moyen d'une donation entre-vifs faite par les père ou mère à leur enfant naturel de la moitié de la portion devant lui revenir sur leur succession, donation pour la validité de laquelle l'acceptation de l'enfant serait nécessaire?

Sera-ce, au contraire, par une disposition faite par les père ou mère sans le consentement de l'enfant, et même contre sa volonté?

Cette question est encore aujourd'hui très-controversée.

Les uns soutiennent que le consentement de l'enfant naturel n'est pas nécessaire..., que, s'il en était autrement, la faculté réservée aux père et mère d'écarter l'enfant naturel de leur succession serait paralysée, puisque ce dernier serait libre d'en empêcher l'exercice... Que, d'ailleurs, la nécessité d'un consentement supposerait une convention, une stipulation sur une succession future, ce qui est interdit par l'art. 791. Les partisans de cette opinion invoquent à l'appui les travaux préparatoires du Code et le texte même de l'art. 761, qui, par ces mots : « avec *déclaration expresse de la part des père et mère que leur intention est de réduire leur enfant naturel à la portion qu'ils lui ont assignée,* » a évidemment voulu établir, en faveur des père ou mère, une faculté indépendante de la volonté de l'enfant.

Sic Toullier, t. II, n° 262 ;
Belost-Jolimont, sur Chabot, art. 761, note 2,
Toullier, t. III, p. 191 et 192 ;
Cadrès, n° 200 ;
Rodière, *Revue de législ.*, t. III, p. 468 ;
Pont, *Revue de législ.*, nouv. série, t. IV, p. 88, Observations sur un arrêt du 31 août 1847 ; Dev., 1847, 1, 787.

M. Demolombe est, au contraire, d'avis que la réduction autorisée par l'art. 761 ne peut s'opérer que par le moyen d'une donation entre-vifs, suivant les formes ordinaires, par conséquent avec l'acceptation de la part de l'enfant.

Voici comment le savant professeur s'exprime sur cette grave question, dans son cours de Code Napoléon, liv. III, t. Ier, chap. IV, p. 172 :

« Malgré l'imposante autorité de tels suffrages, nous ne saurions admettre cette doctrine, et nous croyons pouvoir démontrer qu'elle est contraire : 1° au texte même de la loi ; 2° aux principes les plus certains du droit civil ; 3° et même aussi à la véritable intention des rédacteurs de l'article. 761 telle qu'elle résulte des discours qui ont été invoqués.

« 1° D'après le texte de l'art. 761, toute réclamation est interdite à l'enfant naturel et à ses descendants lorsqu'ils ont reçu, du vivant de leur père ou de leur mère, la moitié, etc. ; or, d'une part, recevoir ne peut évidemment signifier, dans cet article, autre chose qu'acquérir la propriété des valeurs formant la moitié que les père ou mère transmettent à leur enfant ; d'autre part, la propriété ne peut pas s'acquérir entre-vifs *inter partes* sans les consentements respectifs du *tradens* et de l'*accipiens ;* donc, le texte lui-même exige, en s'exprimant ainsi, le consentement et l'acceptation de l'enfant. Il est d'autant plus certain que tel est le sens du mot reçu dans l'art. 761, que le même mot est, de l'aveu de accordé dans la succession *ab intestat*, sans être tenus d'imputer ce qu'ils ont reçu? Oui. Il n'y a aucun texte qui prononce contre eux une pareille incapacité.

JURISPRUDENCE

ART. 760.

L'enfant naturel, quoique tenu d'imputer sur ses droits tout ce qu'il a reçu de son père ou de sa mère décédés, et qui serait sujet à rapport d'après les règles établies en matière de succession, (760) ne doit pas compte des intérêts ou fruits que les choses par lui reçues ont produits depuis l'ouverture de la succession.

Il n'en est pas, en ce cas, comme au cas de rapport à succession par un héritier légitime; l'art. 856 est ici sans application.

Pau, 14 juillet 1827, S. V., 28, 2, 75.

L'enfant naturel n'est tenu d'imputer sur sa part que les choses par lui reçues; il n'est pas tenu d'imputer les fruits échus depuis l'ouverture de la succession. L'imputation que doit faire l'enfant naturel diffère en cela du rapport que doit faire un héritier. (C. Civ., 760 et 856.)

Cass. 11 janv. 1831, S. V., 31, 1, 18.
— 1828, — 28, 2, 75.

On a invoqué dans l'espèce ci-dessus les art. 760, 856 et 908 contre le système de l'arrêt, qui déclare que l'enfant naturel n'est tenu d'imputer que les sommes qu'il a reçues du vivant de son père, mais non des intérêts de ces sommes, à compter de l'ouverture de la succession.

Nul ne peut, dit-on, recevoir dans une succession au delà des droits qui lui sont attribués.—Cette règle est expressément établie pour les enfants naturels par l'art. 908, C. civ. L'article 856 en fait l'application en ordonnant le rapport, non-seulement des choses reçues par les successibles, mais encore des fruits produits par ces choses depuis le jour de l'ouverture de la succession. Il aurait un avantage évident sur les autres successibles; il aurait seul les fruits d'une partie de la succession et prendrait part aux autres fruits avec ses co-héritiers; il aurait donc au delà de ce qui lui reste dû.

L'art. 856 est donc applicable à l'enfant naturel comme à l'enfant légitime.—On ne concevrait pas, en effet, *le motif d'une exception favorable*, au profit des enfants naturels.

D'ailleurs l'art. 760 déclare formellement que « l'enfant naturel ou ses descendants sont tenus d'imputer sur ce qu'ils ont droit à prétendre tout ce qu'ils ont reçu du père ou de la mère, dont la succession est ouverte, *et qui serait sujet à rapport d'après les règles établies à la sect. II du chap.* VI *du présent titre.*

L'on a dit que l'art. 856 signifie que l'on doit déclarer sujet à imputation, ce qui serait sujet au rapport, mais qu'il ne dit pas que la manière dont le rapport s'exécute soit applicable à l'imputation.

On dit encore que le texte de l'article énonce formellement que l'enfant naturel doit imputer ce qui est sujet à rapport d'après les règles etc.; or, d'après les règles invoquées, ce qui est sujet à rapport ce n'est pas seulement la chose donnée, ce sont aussi les fruits de la chose. — L'enfant naturel doit donc imputer et la chose et les fruits.

L'arrêt ajoute que l'imputation dont parle l'art. 760 et le rapport dont il est question dans l'art. 856 diffèrent essentiellement; que le rapport se fait à la masse, tandis que l'imputation se fait sur la part de l'enfant.

la diminution des droits futurs de l'enfant, qu'il a reçu effectivement du vivant de son auteur la moitié de ce qui devait lui revenir.

« Non ! il n'y a pas ici d'issue pour le système qui prétend que l'acceptation de l'enfant n'est pas nécessaire, et il ne réussira jamais à trouver un moyen légal *d'approprier* l'enfant qui refuse de recevoir et d'acquérir ; car cette attribution souveraine de la propriété par l'omnipotence d'une volonté unique ne correspond à aucune des manières d'acquérir que notre droit a seules reconnues. On a objecté que, dans notre système, ce consentement donné par l'enfant constituerait un pacte sur une succession future. Eh ! sans doute ; mais c'est la loi elle-même qui apporte ici une exception aux art. 791 et 1130 ; il est évident, en effet, que l'art. 761 constitue dans tous les systèmes une dérogation manifeste à la règle qui défend toute stipulation sur une succession non ouverte ; et même cette dérogation serait bien plus exorbitante encore, d'après le système que nous combattons ; car, non-seulement elle permettrait au père ou à la mère de priver directement par sa seule déclaration l'enfant d'une partie de ses droits futurs, mais elle renverserait aussi, du même coup et de fond en comble, tous les principes sur les manières d'acquérir.

« La cour de Toulouse, dans son arrêt du 29 avril

1845, a encore objecté que, si c'eût été un contrat que le législateur eût voulu autoriser, il n'eût pas eu besoin de fixer une limite au-dessous de laquelle ne pourrait pas descendre la réduction de la quotité attribuée à l'enfant; qu'il eût suffi de s'en rapporter aux deux parties majeures et jouissant de leurs droits, qui auraient été parfaitement en situation d'apprécier à quel taux il était de l'intérêt de l'enfant que fût abaissée la réduction, eu égard aux avantages de la mise en possession actuelle (Rollin des, Dev., 1846, t. II, 53.) Mais qui n'aperçoit au contraire que le législateur qui n'autorisait que par exception cette espèce de renonciation à la succession future du père ou de la mère avait tout à la fois le droit et le devoir de déterminer la mesure du sacrifice auquel l'enfant naturel pourrait consentir? Les considérations les plus graves d'équité et d'humanité exigeaient, en effet, qu'il protégeât, en cette occasion, contre sa propre faiblesse, cet enfant qui aurait pu souvent escompter son avenir à des conditions d'autant plus dures, que d'une part, il est ordinairement sans aucunes ressources, et que, d'autre part, il se trouverait en présence de son père ou de sa mère, envers lesquels son consentement n'aurait pas eu toujours peut-être toute la liberté désirable; et c'est avec beaucoup de sagesse que le législateur a voulu que ces conditions ne pussent pas être valablement acceptées par l'entous, employé dans ce dernier sens par l'art. 760 ; et on ne saurait admettre que le législateur ait employé, dans deux articles qui se suivent, le même terme dans deux acceptions différentes ou opposées. Tout au contraire, les art. 760 et 761 règlent la même hypothèse, à savoir : celle où l'enfant naturel a reçu des donations entre vifs de ses père ou mère ; et la seule différence qu'il y ait entre l'une et l'autre c'est que le premier, l'art. 760, s'occupe du cas où les père ou mère naturels voudraient, au moyen de ces donations, augmenter la part de leur enfant, tandis que le second, l'art. 761, s'occupe du cas où ils voudraient, au contraire, le diminuer ; mais, dans l'un comme dans l'autre cas, il s'agit d'une donation entre-vifs qui doit être acceptée par l'enfant : cette proposition, encore une fois, est incontestable dans l'art. 760 (voy. art. 908) ; or, l'art. 761 fait suite et se lie à l'art 760 ; il règle une autre face de la même hypothèse, et il la règle absolument dans les mêmes termes ; c'est en vain que l'on prétend argumenter en sens contraire de ces mots *déclaration*, *intention*, qui se trouvent aussi dans l'art. 761. Qu'en résulte-t-il, en effet ? que les père et mère, qui offrent cette donation à leur enfant, peuvent déclarer, en la lui offrant, que leur intention est qu'il s'en contente pour tous ses droits et qu'ils n'entendent, en conséquence, lui faire la donation que sous cette condition. Eh! sans doute, ils peuvent déclarer qu'ils mettent cette condition à leur donation; mais, apparemment, il ne s'ensuit pas que la donation entre-vifs faite avec cette déclaration ne soit pas une donation entre-vifs.

« Voilà pour le texte, il nous paraît formel.

« 2° Et ce texte est parfaitement conforme aux principes généraux du droit civil, ou plutôt, car cela n'est pas assez dire, il était commandé au législateur par la force même de ces principes.

« En effet, la propriété des biens s'acquiert et se transmet par certains modes déterminés et définis, en dehors desquels il est impossible qu'elle se déplace.

« Or, il s'agit, dans la question proposée, d'un mode de transmission et d'acquisition entre-vifs, qui ne peut s'opérer que par la convention des parties, c'est-à-dire par leurs consentements réciproques (art. 1101, 1008) et qui même exige d'autant plus l'acceptation de celui qui reçoit, que cet abandon, ayant lieu à titre gratuit, constitue une véritable donation (art. 932). Autrement, que l'on dise donc en vertu de quel mode la propriété sera transmise, dans le cas de l'art. 761, par les père ou mère à l'enfant!

« Il faut voir en cet endroit les embarras et les contradictions de la doctrine que nous combattons!

« Que fera-t-elle, en effet, si l'enfant refuse de recevoir? et, de quelle manière réussira-t-elle à lui faire acquérir malgré lui et quand même la propriété?

« Les uns ont répondu que l'enfant est un créancier et que les père ou mère sont débiteurs; et ils admettent que ceux-ci feront des offres et que le tribunal les déclarera valables et ordonnerá que les biens offerts seront mis en séquestre ou soumis à un autre mode de placement selon leur nature et les circonstances! Il est vrai que M. Siméon, dans son discours précité, a prononcé ces mots de dette, de créance et d'acquittement; mais il est manifeste que c'est là encore, si j'osais dire ainsi, une mauvaise queue de cette fausse doctrine de la créance que le législateur lui-même a répandue. Non! l'enfant naturel n'est pas un créancier, il est un successeur irrégulier sans doute, mais un vrai successeur, *loco hæredis*; or, les biens ne peuvent passer d'une personne à son futur successible, à titre d'avancement de succession, que par le moyen d'une donation entre-vifs (Comp., art. 711, 843, 919, 1076).

« Et voilà bien ce que d'autres ont reconnu, mais ils ont ajouté que, en cas de refus de la part de l'enfant ou de son tuteur, s'il était mineur, les tribunaux pourraient, non pas accepter pour lui une donation dont il ne veut pas (cela serait, dit M. Duranton, contraire aux principes), mais déclarer les offres du père *valables, et comme tenant lieu de la donation dont l'enfant ne veut pas* (t. VI, n° 303.) Mais, en vérité, est-ce que ce dernier expédient n'est pas encore plus manifestement contraire aux principes? Comment! les tribunaux déclareraient que l'enfant est devenu donataire, alors qu'il n'a pas accepté, et que, par conséquent, il n'y a pas eu de donation? Mais ceci est impossible!

« Aussi, est-on allé jusqu'à dire que ce délaissement par le père ou la mère d'une portion de ses biens est, dans la vérité des choses, une disposition testamentaire anticipée dans son exécution (Pont, Observ. dans Dev., 1847, t. I, 791, n° 3.) Une disposition testamentaire irrévocable et s'exécutant du vivant du testateur! Se figure-t-on bien cela? (Article 895.)

« Enfin voici venir, en dernier lieu, d'autres partisans de cette doctrine, qui déclarent franchement que si l'enfant naturel refuse de recevoir, on ne peut pas, en effet, l'y contraindre; que c'est son droit de ne pas accepter la donation qui lui est faite, de même qu'il peut renoncer à ses droits sur la succession de son père, mais que ce défaut d'acceptation qui équivaudrait à une renonciation, ne peut porter aucune atteinte aux droits du père (Massé et Vergé, t. II, p. 279.) Mais ceci est bien plus impossible encore, puisque l'article 761 met pour condition formelle à fant lui-même lorsqu'elles seraient excessivement lésives.

« Nous comprenons que l'on soutienne que le père ou la mère, pour assurer des aliments, de sonvivant, à son enfant adultérin ou incestueux, n'a pas besoin du consentement de celui-ci ; mais le texte des deux art. 764 et 761 est, en effet, fort différemment rédigé ; et les droits de ces deux classes d'enfants sont bien loin d'être de même nature.

« 3° Enfin, nous avons dit que la doctrine que nous défendons est conforme à la pensée qui a inspiré l'art. 761, et la preuve en résulte des travaux préparatoires eux-mêmes, dans lesquels pourtant la doctrine contraire a prétendu trouver son principal appui.

« D'abord, en ce qui concerne le caractère de l'opération autorisée par l'art. 761 et le mode de transmission, qui devra être employé pour l'accomplir, M. Siméon lui-même, dans le passage précité, déclare formellement, et à plusieurs reprises, que c'est un don anticipé, que c'est un don, une donation ; et, en effet, le mot donner se trouvait dans les projets antérieurs à la rédaction définitive ; on y lisait que l'enfant naturel est obligé de se contenter de ce que son père ou sa mère lui a donné de son vivant, toutes les fois qu'en donnant, ils auront exprimé l'intention d'acquitter leur dette envers l'enfant, et que les choses données ne seront point inférieures, etc. (Fenet, t. II, p. 134 et 564.)

« Et, quant au but que les auteurs de notre Code se sont proposé en édictant l'art. 761, ils le déclarent eux-mêmes aussi en termes fort explicites.

« Une pareille *donation*, dit M. Siméon, est utile pour l'enfant naturel, qu'elle fait jouir plus tôt, et pour la famille, qu'elle débarrasse d'un créancier odieux.

« Ainsi, on n'a pas voulu seulement favoriser la famille légitime ; ce que l'on s'est proposé, c'est de fournir au père ou à la mère un moyen de concilier les intérêts respectifs de la famille et de l'enfant naturel lui-même, qui trouvera dans une jouissance anticipée la compensation de la diminution de ses droits futurs, et qui aura presque toujours intérêt à accepter. Voilà la pensée qui a dicté notre article, et le but qu'il s'est proposé ; sans doute on comprendrait en législation un système d'après lequel le père ou la mère aurait le pouvoir d'attribuer, de son vivant, par sa seule volonté, une portion de ses biens à son enfant naturel. Mais, outre que ce serait là un système tout à fait exceptionnel, et qui s'écarterait tellement de tous les principes, qu'il aurait besoin d'être formellement annoncé et décrété, nous croyons, pour notre part, qu'il serait plein d'inconvénients et qu'il atteindrait beaucoup moins sûrement le but que le système modéré et conciliant que notre Code civil a suivi. Lorsqu'en effet on se récrie contre notre doctrine, lorsque l'on dit que, exigeant l'acceptation de l'enfant, nous allons rendre impos sible l'exercice d'un droit accordé aux père et mère, nous répondrons d'abord que l'intérêt de l'enfant, ordinairement sans ressources, à accepter cette avance, nous garantit presque toujours son acceptation, et c'est parce qu'il aura, en effet, presque toujours intérêt à accepter, que Chabot a pu dire que cette faculté accordée aux père et mère retiendra les enfants, intéressés à l'obtenir, dans les devoirs de la piété filiale. Et enfin, si l'enfant naturel refuse, le père ou la mère, de son côté, peut user de son droit absolu, celui-là! de réduire à sa réserve après son décès, l'enfant qui n'aura pas voulu déférer à son vœu.

« Les partisans de la doctrine contraire se font d'ailleurs, à notre estime, une grande illusion s'ils croient qu'ils atteindront mieux leur but que la contrainte. Oh! non certes! Nous allons voir que l'enfant même qui a reçu, du vivant de ses père et mère, la moitié approximativement de ses droits futurs peut, lors de l'ouverture de la succession, réclamer un supplément, s'il prétend que ce qu'il a reçu est inférieur à cette moitié; c'était là, sans doute, une mesure nécessaire; mais il ne faut pas se dissimuler qu'elle est singulièrement de nature à compromettre le but que l'on se proposait, et qui était précisément d'écarter de la succession la présence si fâcheuse de l'enfant naturel. On a pu toutefois espérer que l'enfant qui aurait volontairement reçu la moitié de ses droits par avance, respecterait lui-même son propre engagement. Mais si c'était au contraire malgré lui et violemment que la réduction se fût opérée, on peut en être sûr! l'enfant naturel ne manquerait jamais de venir, lors du décès, prétendre que ce que ses père et mère ont abandonné (nous ne pouvons, en vérité, pas dire ce qu'il a reçu!) n'équivaut pas à la moitié de ce qui devait lui revenir, et c'est alors que le vœu de la loi serait presque toujours trompé.

« La nécessité de l'acceptation de la part de l'enfant, qui appréciera lui-même si l'offre qui lui est faite est dans son intérêt, cette nécessité est aussi une garantie salutaire que les père et mère n'abuseront pas de cette faculté de réduction; qu'ils ne céderont pas aux obsessions et aux exigences de la famille légitime, qui pourrait, dans le système contraire, surprendre ou arracher même peut-être à leur vieillesse défaillante une déclaration tardive de réduction qui n'offrirait pas à l'enfant une compensation suffisante; et il faut même ajouter que cette garantie est indispensable pour empêcher que cette donation ne devienne excessivement lésive au préjudice de l'enfant.

« Nous concluons donc que la réduction autorisée par l'art. 761 ne peut s'opérer que par le moyen d'une donation entre-vifs suivant les formes ordinaires de cet acte et par conséquent avec l'acceptation de la part de l'enfant. » (Comp. Merlin, *Rép.*, v° *réserve*, sect. IV, n° 18 ; Delvincourt, t. II, p. 22, n° 5; Chabot, art. 761, n° 5; Favard, v° *Succ.*, § 1 ; Grenier, *des Donat.*, t. II, n° 675; Marcadé, art. 761, n° 2 ; Poujol, Cod., n°s 5 et 9; Richefort, t. III, n° 425; Vazeille, art. 761, n° 7 ; Malpel, n° 165 ; Zachariæ, Aubry et Rau, t. IV, p. 215 ; Duvergier, sur Toullier, t. II, n° 262, note *A ;* Ducaurroy, Bonnier et Roustaing, t. II, n° 521 ; Demante, t. III, n° 80 *bis*.)

Voici l'opinion que nous avons émise nous-même dans le *Moniteur des Tribunaux* (n° 552, 2e série, novembre 1865,) sur cette importante question. Après avoir examiné la question de savoir si la quotité attribuée à l'enfant naturel pouvait être diminuée par les dispositions entre-vifs ou testamentaires de son auteur, nous nous sommes exprimé en ces termes :

« Recherchons maintenant quelle est la limite que la réduction dont s'agit ne pourrait légalement dépasser.

« Précisons la question par un exemple. Une femme, ayant un enfant naturel légalement reconnu, fait donation au profit d'un tiers de l'universalité de ses biens meubles et immeubles. Quelle sera dans sa succession la quotité revenant à son enfant naturel en présence de cette donation universelle?

« Nous pensons que cette quotité ne devra consister que dans la moitié de ce que la loi attribue à l'enfant naturel. Or, dans l'espèce, l'enfant naturel, s'il eût été légitime, étant fils unique, aurait eu droit à la moitié de la succession malgré la donation universelle; il est naturel, il n'aura droit qu'à la moitié de cette moitié, soit au quart de la succession.

« Mais cette quotité pourra encore être réduite de moitié, c'est-à-dire au huitième de la succession, par application de l'art. 761 C. Nap., ainsi conçu: « Toute réclamation est interdite aux enfants naturels *lorsqu'ils ont reçu, du vivant de leurs père ou mère*, la moitié de ce qui leur est attribué par les « art. 757 et 758, *avec déclaration expresse*, de la « part de leurs père ou mère, que leur intention est « de réduire leur enfant naturel à la portion qu'ils « lui ont assignée.

« Dans le cas où cette portion *serait inférieure à la « moitié de ce qui devrait revenir à l'enfant naturel, il « ne pourra réclamer que le supplément* nécessaire « pour parfaire cette moitié. »

« Ainsi, il est incontestable qu'en remplissant les deux conditions imposées par cet article, les père ou mère peuvent réduire la quotité revenant à leur enfant naturel à la moitié de celle fixée par les art. 757 et 758, C. Nap. (*Sic* Douai, 27 février 1834, S. V., 34, 2, 393; Cass., 21 avril 1835, S. V., 35, 1, 243.)

« Supposons maintenant que l'enfant naturel n'ait pas été reconnu par sa mère, qu'il n'ait été déclaré que sur une demande en recherche de maternité introduite contre le donataire universel de sa mère naturelle : dans ce cas, la quotité du quart lui revenant dans la succession de sa mère pourra-t-elle être réduite au huitième de la succession par application de l'art. 761 C. Nap. ?

« Nous le pensons... Nous sommes d'avis qu'il y a lieu d'appliquer dans ce cas l'art. 761 C. Nap. Mais, objecte-t-on, le législateur ne confère ce droit aux père et mère que sous certaines conditions qui *doivent être rigoureusement remplies;* qu'ainsi, d'après l'art. 761, il faut, pour que toute réclamation soit interdite à l'enfant naturel dans la succession de ses père et mère : 1° *qu'il ait reçu de leur vivant la moitié de la quotité qui lui est attribuée par les art.* 757 *et* 758 ; 2° que ses père et mère *aient expressément déclaré que leur intention est de le réduire à cette portion.*

« L'accomplissement de ces conditions ne nous

semble pas être exigé d'une manière absolue par l'art. 761 C. Nap. A l'égard de la première condition, la disposition finale de cet article lui-même s'explique en effet d'une manière suffisamment catégorique, en reconnaissant à l'enfant le droit d'intenter une action en supplément, si la portion qui lui a été assignée se trouve insuffisante.

« Il est bien évident que si cette condition était absolue, l'enfant pourrait toujours dire : « Le bénéfice de l'art. 761 ne peut profiter à mon auteur « qu'autant qu'il m'aurait donné, de son vivant, la « moitié de la quotité qui m'est attribuée par la loi; « il n'a point rempli cette condition à laquelle se « trouvait subordonné l'exercice de son droit, ses « héritiers ne peuvent donc pas profiter des avanta- « ges réservés à mon auteur par l'art. 761. » Et, par suite, il dépendrait toujours de l'enfant naturel de rendre illusoire le droit établi par l'art. 761 en faveur de ses père et mère, et d'empêcher, par son simple refus, l'accomplissement de ce droit.

« D'un autre côté, si l'on veut voir dans l'art. 761 autre chose que ce qui y est écrit, à savoir la faculté générale accordée au père ou à la mère de réduire son enfant naturel à la moitié de ce qui lui est attribué par les art. 757 et 758, il faut bien reconnaître que cette réduction ne pourra être valable sans le consentement de l'enfant; donc le consentement de l'enfant sera nécessaire pour la validité de la réduction... Or, la jurisprudence et la doctrine repoussent la nécessité de ce consentement, qui ne pourrait être donné qu'à la suite d'une convention entre l'enfant et son auteur, convention qui serait du reste radicalement nulle aux termes des art. 791 et 1130 C. Nap., parce qu'elle constituerait une transaction sur une succession non ouverte, une renonciation de la part de l'enfant à la succession d'une personne encore vivante.

« Il nous paraît donc manifeste que la première condition qu'impose l'art. 761 n'est pas exigée d'une manière absolue pour la validité de la réduction dont s'agit. S'il en était autrement, cette condition pourrait devenir, soit illusoire, car il serait souvent impossible de la remplir, soit dangereuse pour la famille légitime, car souvent aussi elle pourrait avoir de funestes conséquences pour cette dernière.

« J'ai dit que le plus souvent il sera impossible de remplir du vivant des père ou mère de l'enfant naturel la première condition dont parle l'art. 761, par le versement *exact et effectif* de ce qui doit lui revenir. Ce n'est en effet qu'au décès de son auteur qu'on peut connaître le nombre des enfants légitimes ou la qualité des autres héritiers ; c'est donc seulement à cette époque qu'on peut déterminer si l'enfant naturel a reçu la moitié de sa portion légale, ou si, au contraire, il lui est dû un supplément pour parfaire cette moitié.

« J'ai dit qu'il y aurait danger, pour la famille légitime, à proclamer absolue la première condition posée par l'art. 761, parce qu'elle pourrait porter atteinte aux droits des enfants légitimes. En effet, si les père et mère, riches au moment où ils versent à leur enfant naturel la quotité déterminée par l'art. 761, viennent à perdre leur fortune et décèdent insolvables, les descendants légitimes n'auront rien, tandis que l'enfant naturel aura reçu une partie de la succession de son auteur. Et il pourra parfaitement conserver la quotité par lui reçue et ne pas la rapporter, car l'art. 857 dit expressément que *le rapport n'est dû que par l'héritier à son cohéritier ;* or, la loi déclare que l'enfant naturel n'est pas héritier. Vainement, pour empêcher un si fâcheux résultat, on invoquerait les art. 908 et 760 C. Nap.; d'abord, parce que dans l'espèce il ne s'agit pas d'une donation, puisque pour la validité des donations, l'art. 931 C. Nap. exige des formalités qui ne sont pas nécessaires pour le versement dont parle l'art. 761 ; et, en second lieu, parce que l'art. 760 n'est pas applicable ici, ledit art. 761 ne prévoyant pas le cas où la donation *serait supérieure.* L'enfant naturel n'aurait donc rien à rapporter.

« On voit, par ce qui précède, qu'en déclarant que

la première condition de l'art. 761 doit être remplie d'une manière absolue pour la validité de la réduction faite dans la limite fixée par cet article, on arriverait à des résultats que repoussent la morale et l'équité, et qu'évidemment le législateur n'a pas pu vouloir prescrire en édictant l'art. 761.

« Quant à la seconde condition dont parle l'art. 761, celle qui oblige le père ou la mère *à déclarer d'une manière expresse* que leur intention est de réduire leur enfant naturel à la part qu'ils lui ont assignée... cette condition ne doit pas être prise dans un sens absolu ; elle ne nous semble pas applicable, d'ailleurs, quand l'enfant naturel *n'a pas été reconnu du vivant de ses père ou mère, et qu'il a été déclaré tel par un jugement* rendu sur une demande en recherche de maternité par lui introduite contre le donataire universel de celle dont il se prétend l'enfant naturel. La mère, qui n'a même pas voulu reconnaître son enfant, a eu certainement de graves motifs pour que son cœur soit resté fermé à cet élan de la nature (peut-être a-t-elle été victime du crime dont parle l'art. 354 C. pén.); on ne comprendrait pas sans cela qu'elle eût consenti à le dépouiller au profit d'un tiers, peut-être d'une personne étrangère à sa famille. Il est donc évident que la donation universelle par elle faite au profit d'un tiers est la déclaration la plus expresse comme la plus solennelle que puisse faire une femme, que sa volonté est de réduire à la portion la plus minime de sa succession l'enfant naturel auquel elle n'a pas même voulu donner son nom.

« Les principes que nous soutenons nous semblent réaliser le vœu des législateurs de l'an XI, qui, dans la question des successions irrégulières, ont, suivant l'expression du tribun Lahary, « cherché à « donner à la société ce qu'elle exige, sans blesser « la nature, et à la nature ce qu'elle réclame, sans « blesser la société. »

JURISPRUDENCE

ART. 761.

1. La déclaration d'un père dans son testament, que son enfant naturel a déjà reçu moitié de la quotité disponible, et qu'il entend la réduire à cette moitié, est sans effet pour empêcher l'enfant de recueillir la part entière que la loi lui attribue dans la succession de son père. (C. civ., 761.)
Paris, 2 janv. 1819, S. V., 1819, 2, 1.

Les père et mère d'enfants naturels peuvent les réduire à la moitié de la réserve déterminée par la loi; mais pour cela il faut que cette volonté de la part des père et mère soit formellement exprimée; que l'enfant ait reçu du vivant des père et mère la quotité à laquelle il est réduit.

Ainsi, il ne suffit pas, pour réduire l'enfant naturel à la moitié de sa réserve, que le père ou la mère exprime cette volonté dans un testament, en déclarant que l'enfant a déjà reçu cette moitié.

Tous les auteurs ont entendu l'art. 761 de cette manière.

M. Maleville s'exprime en ces termes : « Ces expressions (celles de l'art. 761) prouvent qu'il ne suffirait pas aux père ou mère de déclarer, dans une disposition, soit entre-vifs, soit à cause de mort, qu'ils entendent que leur enfant soit réduit à la moitié de ce que la loi lui donne, pour que cette disposition eût son effet. Il faut, si c'est par un acte entre-vifs, que la déclaration soit précédée, accompagnée ou suivie de la tradition effective de cette moitié ; et si c'est dans une disposition à cause de mort, la déclaration, quoique suivie de legs, sera absolument nulle, parce que le legs ne peut être exécuté qu'après la mort, et que c'est du vivant du père que la moitié de la quote doit être payée ou livrée, pour que la réduction soit valable... »

Voir aussi Chabot, *Commentaire sur les Successions*, art. 761, nos 1, 2 et 3 ;

Grenier, *des Donations*, t. II, n° 674.

Toullier, t. IV, n° 262 ; Favard, *Rép.* v° *Success.*, sect. 4, § 1er ;

Malpel, *des Success.*, n° 163 ; Vazeilles, sur l'art. 761, n° 7.

2. La réduction des droits de l'enfant naturel, autorisée par l'art. 761 C. Nap., n'est pas subordonnée au consentement de l'enfant et à son acceptation de la portion de biens qui lui est assignée par ses père et mère ; la seule volonté de ces derniers fait loi à cet égard.

Douai, 27 février 1834, S. V., 34, 2, 393.

L'art. 761 a pour objet non un acte de libéralité, ni une transaction sur une hérédité future, mais bien une faculté accordée aux père et mère de l'enfant naturel de l'écarter de leur succession, en lui assignant et payant par anticipation une part déterminée de ce qui peut lui revenir.

Cette interprétation résulte à la fois des termes et des motifs de l'article cité, de même aussi que des inconvénients du système contraire.

En effet, en parlant de *réduction de droit, d'assignation de part, d'interdiction de toute réclamation, le législateur* a évidemment indiqué qu'il ne pouvait s'agir en cette disposition d'acte de libéralité, ni d'acte de transaction dont il excluait surtout l'idée en ouvrant à l'enfant, en cas d'insuffisance de la part assignée, une action au supplément.

L'argument tiré du mot *reçu* dont se sert l'art. 761 est sans effet utile puisque le mot s'applique tout aussi bien à la donation qu'au payement.

Les motifs d'ailleurs exposés par l'orateur du gouvernement, de même aussi que la discussion sur l'article du projet, nous représentent cette disposition comme un moyen de *débarrasser la famille légitime d'un créancier qui devait lui être désagréable*, et comme un acte forcé pour l'enfant naturel.

Il résulterait enfin du système contraire ce grave inconvénient qu'il dépendrait chaque fois de l'enfant naturel de rendre illusoire le droit établi par l'art. 761.

Il résulte de là que le consentement de l'enfant naturel n'est point une nécessité de la disposition susdite, ni un obstacle par conséquent à son exécution.

5. La réduction des droits de l'enfant naturel, autorisée par l'art. 761 C. civ., n'est pas subordonnée au consentement de l'enfant et à son acceptation de la portion des biens qui lui est assignée par ses père et mère : la seule volonté de ces derniers fait loi à cet égard.

Cass., 21 avril 1855, S. V., 55, 1, 245.

La réduction des droits de l'enfant naturel à la moitié de ce qui lui est attribué par la loi (C. civ., 761) n'est pas subordonnée au consentement de l'enfant et à son acceptation de la portion des biens qui lui est assignée par ses père et mère : la seule volonté de ceux-ci fait loi à cet égard.

Car une telle réduction pour produire effet n'a pas besoin d'être déclarée dans l'acte même qui renferme la donation : elle peut l'être dans un acte ultérieur.

Cette réduction peut être cumulée avec celle résultant des dispositions faites par les père et mère jusqu'à concurrence de la quotité disponible, en sorte que la moitié à laquelle l'enfant est réduit doit alors se calculer seulement sur la quotité disponible.

L'enfant naturel en concours avec des neveux ou nièces a droit aux trois quarts de la succession, comme si ceux-ci n'existaient pas, le bénéfice de la représentation n'a pas lieu en leur faveur. (C. civ., 757.)

La seule existence des collatéraux successibles, alors même qu'ils ne viendraient pas à la succession par suite de renonciation, a-t-elle pour effet de réduire les droits successifs de l'enfant naturel? Non résolu en thèse.

Dans tous les cas, cette réduction a lieu si les collatéraux viennent prendre part à la succession, bien qu'il ne soit pas en leur qualité d'héritier, mais seulement en qualité de donataire universel du défunt.

Toulouse, 29 avril, S. V., 46, 2, 49.

4. La réduction autorisée par l'art. 761 C. Nap., des droits de l'enfant naturel dans la succession de ses père et mère, n'est pas subordonnée au consentement de l'enfant et à

son acceptation de la portion des biens qui lui est assignée par ses père et mère : la seule volonté de ces derniers fait loi à cet égard.

Un jugement contradictoire, spécialement un jugement statuant sur une question d'état, ne peut plus être atteint par la prescription de trente ans pour défaut d'une signification régulière, du moment qu'il a été exécuté volontairement par toutes les parties. (C. Nap., 2262.)

Metz, 27 janvier 1853, S. V., 54, 2, 721.

5. La faculté accordée au père par l'art. 761 C. Nap., de réduire son enfant naturel à la moitié de la part que la loi lui attribue, ne peut être exercée que dans la forme d'une donation entre-vifs, et non par testament.

Et au cas où le père, après avoir déclaré par testament réduire la part de son enfant naturel, a ajouté que le surplus de la succession sera partagé *entre ses autres héritiers présomptifs, comme ils aviseront*, l'on ne saurait voir dans ces dernières expressions un legs universel au profit des héritiers ainsi désignés : le père doit être considéré comme n'ayant voulu par là que s'en référer à l'ordre successoral établi par la loi, et la seule disposition que renferme son testament se trouvant nulle, sa succession est *ab intestat*, en sorte que son enfant naturel est fondé à réclamer la part entière que la loi lui attribue dans cette succession, et non pas seulement sa réserve légale. (C. N., 757, 761, 1003.)

Rennes, 21 juillet 1860, S. V., 61, 2, 86.

VIII

DES DROITS DES ENFANTS ADULTÉRINS OU INCESTUEUX

ART. 762.

« Les dispositions des art. 757 et 758 ne sont pas applicables aux enfants adultérins ou incestueux.

« La loi ne leur accorde que des aliments. » (C. N., 331, 335, 342, 763.)

Cet article détermine quels sont les droits que les enfants adultérins ou incestueux ont sur la succession de leurs père et mère.

On doit se demander tout d'abord comment il sera possible à un enfant de justifier de sa qualité d'enfant adultérin ou incestueux, en présence des art. 335 et 342, qui interdisent de la manière la plus absolue la reconnaissance volontaire ou forcée de ces sortes d'enfants. La réponse est facile; il faut supposer qu'on se trouve dans l'un des cas où la preuve de la filiation adultérine ou incestueuse est acquise. Exemple : Un mari forme une demande en désaveu de l'enfant dont sa femme est accouchée (art. 312,

315) ; sa demande est admise par le tribunal... Le jugement qui déclare le désaveu fondé, établit évidemment en même temps la filiation adultérine de l'enfant, et cela sans reconnaissance volontaire ni forcée.

La qualité adultérine ou incestueuse de l'enfant peut encore être établie, si, lorsque la reconnaissance de cet enfant a été faite, on a dissimulé le vice de son origine.

Enfin on peut supposer encore qu'un mariage, contracté sciemment entre parents au degré prohibé, a été annulé : les enfants qui en sont issus, se trouvent incestueux, et cette qualité leur est conférée par le jugement même qui a prononcé la nullité du mariage.

Dans l'un de ces cas, ou dans d'autres analogues, l'art. 762 trouvera son application. Quelle est la nature du droit des enfants naturels ou incestueux dans la succession de leurs père et mère ? Ils n'ont aucun droit héréditaire, mais un simple droit de créance alimentaire contre la succession de leurs père ou mère.

JURISPRUDENCE

1. La preuve d'adultérinité d'un enfant naturel peut résulter de la reconnaissance de cet enfant, faite dans son

acte de naissance par son père marié et en justice par sa mère libre, et cette reconnaissance a effet, soit en ce qui touche le droit de l'enfant à des aliments, soit en ce qui touche sa capacité pour recevoir les libéralités à lui faites par son père ou sa mère. (C. civ., 335, 342, 762 et 911.)

Lyon, 25 mars 1855, S. V., 55, 2, 241.

2. La reconnaissance d'un enfant adultérin, surtout si elle a été faite sous l'empire de l'ancienne législation, donne à l'enfant le droit de réclamer aujourd'hui des aliments. (C. civ., 335, 762.)

S. V., 27, 2, 162.
28, 1, 49 et 52.

3. Un enfant adultérin est sans droit pour porter le nom de son père, bien que celui-ci le lui ait toujours donné : le nom, faisant partie de l'état des personnes, appartient exclusivement aux membres de la famille.

Paris, 22 mars 1828, S., 29, 2, 75.

4. Lorsqu'un enfant est prouvé incestueux par le testament même qui lui a fait un legs, de telle sorte qu'il est inutile pour établir sa filiation de se livrer à aucune recherche de la paternité ou de la maternité, l'enfant ne peut, scindant l'acte, écarter comme prohibée la reconnaissance ou déclaration de naissance incestueuse, et réclamer le legs. En un tel cas, la reconnaissance et le legs sont indivisibles, par suite le legs est nul, comme ayant une cause illicite ou contraire aux bonnes mœurs. (C. civ., 335 et 762.)

L'enfant peut-il du moins se prévaloir de la reconnaissance ainsi faite aux fins d'obtenir des aliments contre la succession de son père ou de sa mère. (C. civ., 762.)

Cass., 4 janvier 1832, S. V., 32, 1, 145.

5. La reconnaissance volontaire d'un enfant adultérin faite par son père, notamment dans son acte de naissance, est absolument nulle, tellement qu'elle ne peut être opposée à cet enfant pour l'empêcher de recueillir un legs fait en sa faveur par celui qui l'a reconnu, l'état de cet enfant restant toujours incertain, nonobstant cette reconnaissance.

Cass., 8 février 1836, S. V., 36, 1, 241.

6. La reconnaissance volontaire d'un enfant adultérin (dans son acte de naissance, par exemple) peut lui être opposée à l'effet de faire annuler les libéralités qui lui auraient été faites au delà des aliments que lui accorde la loi.

Paris, 14 décembre 1835, S. V., 36, 2, 65.

7. La reconnaissance volontaire d'un enfant adultérin faite par son père, est absolument nulle, tellement qu'elle ne peut être invoquée par cet enfant, même pour obtenir les aliments que lui accorde l'art. 762 C. civ., l'état de l'enfant restant toujours incertain, malgré cette reconnaissance. Les enfants adultérins n'ont droit à des aliments que dans le cas où la preuve de la filiation adultérine se trouve acquise par la force des choses ou de jugements. (C. civ., 335, 342 et 762.)

Cass., 18 décembre 1837, S. V., 38, 1, 29.

8. La reconnaissance volontaire d'un enfant adultérin est absolument nulle, tellement qu'elle peut lui être op-

posée pour l'empêcher de recueillir un legs fait en sa faveur par celui qui l'a reconnu, l'état de cet enfant restant toujours incertain, nonobstant la reconnaissance. Il n'y a capacité pour les enfants adultérins de recevoir les dons ou legs du père ou de la mère qui les a reconnus, que dans le cas où la preuve de la filiation adultérine se trouve acquise par la force des choses ou de jugements, ou résulte de l'acte même de libéralité. (C. civ., 335, 762.)

Peu importe que la reconnaissance ait été faite avant le Code, sous l'empire de la loi du 12 brumaire an II ; cette reconnaissance ne peut produire aucun effet sous l'empire du Code.

Cass., 3 février 1841, S. V., 41, 1, 117.

9. Celui dont la filiation adultérine est établie, ou n'est pas contestée par les héritiers de son père, a droit au legs d'aliments que ce dernier lui a fait, quoique le testament qui renferme ce legs contienne en même temps une reconnaissance de l'enfant adultérin. Dans ce cas l'enfant adultérin a droit aux aliments, non en vertu de la reconnaissance qui est nulle, mais en vertu de sa qualité d'enfant qui n'est pas contestée. (C. Civ., 762, 763, 764 et 908.)

La reconnaissance d'un enfant adultérin par celui qui s'en déclare le père, dans un testament où il lui fait un legs, n'est pas de nature à entraîner la nullité du legs comme reposant sur une cause illicite, lorsque ce legs ne dépasse pas les aliments dûs à l'enfant. (Résol. par la Cour royale.)

Un legs d'immeubles fait par un père à son enfant adultérin, peut être maintenu par les tribunaux lorsqu'il est reconnu que la valeur de ce legs ne dépasse pas la mesure d'une pension alimentaire.

On ne peut, pour la première fois devant la cour de cassation, proposer un moyen pris de ce que l'enfant adultérin, auquel les aliments ont été alloués, n'y avait pas droit à raison de sa position de fortune.

Cass. 15 juillet 1846, S. V., 46, 1, 721.

10. Bien que la reconnaissance des enfants adultérins soit prohibée par la loi, cependant la filiation adultérine d'un enfant né de père et mère mariés, peut être déclarée résulter d'un jugement ou arrêt qui, dans un procès sur la succession du père, a reconnu à l'enfant la qualité de fils naturel de ses père et mère comme né avant le mariage, alors que plus tard il vient à être découvert qu'au moment de la conception de cet enfant le père se trouvait engagé dans les liens du mariage avec une autre femme. (C. Nap., 335, 762.)

Les époux qui, en mariant leur fille ont laissé ignorer à leur gendre qu'elle n'était que leur enfant naturel, ou même adultérin, peuvent être déclarés non passibles de dommages-intérêts envers ce dernier, s'il est reconnu tout à la fois qu'aucune manœuvre frauduleuse n'a été employée à son égard pour le tromper, et que de son côté il a à se reprocher de n'avoir pas pris des renseignements suffisants. En un tel cas, où il est ainsi reconnu en fait que s'il y a eu réticence d'un côté, il y a eu imprudence de l'autre, l'appréciation des juges du fond sur la responsabilité est abandonnée à leur pouvoir discrétionnaire, et échappe entièrement à la censure de la cour de cassation.

Cass., 12 décembre 1854, S. V., ff., 1, 593.

11. Dans le cas où un enfant adultérin a été admis par les enfants légitimes sciemment et de leur plein gré au partage des biens de la succession du père commun, cette circonstance n'établit pas une fin de non-recevoir contre l'action que ces derniers viendraient à former ultérieurement en nullité du partage et en attribution à eux seuls de la totalité des biens de la succession ; à ce cas n'est pas applicable la règle d'après laquelle il est permis, même dans les matières qui intéressent l'ordre public et les bonnes mœurs, de transiger sur les intérêts purement civils qui peuvent s'y trouver engagés. (C. Nap., 762, 2046. Résol. par la cour impér.)

Cass., 14 février, 1857, S. V., 57, 1, 779.

12. Les dispositions à titre gratuit sont nulles, aussi bien que les dispositions à titre onéreux, lorsqu'elles reposent sur une cause illicite. (C. Nap., 893, 1131, 1133.)

Et on doit considérer comme reposant sur une cause illicite, la libéralité faite par un testateur à celui qu'il croyait être son enfant adultérin, quand cette libéralité n'a eu pour mobile et pour cause déterminante que l'opinion que ce testateur avait de sa paternité. (C. Nap., 762.)

Mais la preuve de l'opinion que le testateur avait de sa paternité et de l'influence déterminante que cette opinion a exercée sur ces dispositions, doit résulter entière et complète des dispositions attaquées : elle ne peut s'induire ni d'une reconnaissance antérieure que ce testament ne rappellerait pas, ni de papiers domestiques et de correspondances qui conduiraient indirectement à une recherche de la paternité. (C. Nap. 335 et 340.)

Cas., 31 juillet 1860, S. V., 60, 1, 833.

15. Le legs fait par un testateur à celui qu'il croyait être son enfant adultérin est nul, comme reposant sur une cause illicite, quand ce legs n'a eu pour motif déterminant que l'opinion que le testateur avait de sa paternité. (C. Nap., 335, 342, 762, 893, 1131 et 1133.

Et la preuve de cette opinion du testateur et de l'influence déterminante qu'elle a exercée sur ses dispositions, peut être puisée dans une lettre qui, écrite par le testateur sur la même feuille de papier que le testament, dont elle annonce être le complément, et mise sous une enveloppe portant une souscription qui prescrit la remise de cette pièce aux parents du testateur, en présence de témoins, après son décès, doit être considérée comme formant un seul et même tout avec le testament.

Amiens, 14 janv. 1864, S. V., 64, 2, 11

Ces deux solutions rentrent dans la doctrine consacrée par un arrêt de la Cour de cassation du 13 juillet 1860 (vol. 1860, 1, 833). Cet arrêt exige, à la vérité, que la preuve de l'opinion que le testateur avait de sa paternité adultérine et de l'influence déterminante que cette opinion a exercé sur ses dispositions, résulte du testament même, et qu'on ne saurait l'induire de faits ou de documents sans lien avec cet acte. Mais si, dans l'espèce ci-dessus, la preuve dont il s'agit ne résidait pas dans le testament, elle se puisait dans une pièce qui avait avec ce testament le lien le plus intime, et qui, comme le dit la Cour d'Amiens, formait avec lui un seul tout; elle avait donc toute la force qu'exige, avec raison, l'arrêt précité de la Cour suprême.

ART. 763.

« Ces aliments sont réglés eu égard aux facultés du père ou de la mère, au nombre et à la qualité des héritiers légitimes. » (C. Nap., 208.)

Cet article détermine comment se règle la quotité des aliments accordés aux enfants adultérins ou incestueux; il applique à cette dette alimentaire la première partie de la règle générale qui veut que la quotité des aliments soit fixée d'après la position de celui qui les doit, et eu égard au besoin de ceux auxquels ces aliments sont dûs. Ici c'est la succession qui est débitrice, et elle aura un chiffre plus ou moins grand à payer, suivant que le nombre des héritiers sera plus ou moins considérable, et suivant que les père ou mère auront laissé des enfants légitimes, ou des ascendants, ou des frères et sœurs, ou des neveux et nièces, ou d'autres collatéraux.

Bien que l'art. 763 ne parle que des héritiers légitimes, il est incontestable qu'il s'applique aussi aux successeurs irréguliers.

ART. 764.

« Lorsque le père ou la mère de l'enfant adultérin ou incestueux lui auront fait apprendre un art mécanique, ou lorsque l'un d'eux lui aura assuré des aliments de son vivant, l'enfant naturel ne pourra élever aucune réclamation contre leur succession. »

Cet article détermine les cas où les enfants adultérins ou incestueux n'ont plus droit à des aliments. C'est lorsque le père ou la mère les a mis à l'abri du besoin, en leur procurant une industrie quelconque ou une profession libérale, ou en leur assurant des aliments de son vivant.

Si l'enfant adultérin ou incestueux n'est pas dans le besoin, a-t-il droit à des aliments dans la succession de ses père et mère ?

Beaucoup d'auteurs enseignent la négative :

Chabot, art. 762, n° 1 ; Loiseau, 556 ; Malpel, n° 171 ; Marcadé, art. 763 ; Bonnier et Toustaing, t. II, n° 532 ; Zachariæ (éd. Aubry et Rau), t. IV, p. 97 ; Demolombe, t. II, *des Successions*, n° 127, p. 205.

Malgré de telles autorités, nous pensons que si les père ou mère n'avaient pas satisfait aux obligations de l'art. 764, leur succession serait dans tous les cas débitrice des aliments accordés par la loi aux enfants adultérins ou incestueux, quelle que fût d'ailleurs la position de ces derniers. En effet, les enfants adultérins ou incestueux ont un *simple droit de créance* contre la succession de leur auteur ; or, le payement d'une créance peut toujours être exigé s'il n'a pas été effectué, quelle que soit la position du créancier. C'est un droit de créance, disons-nous ; nous pourrions ajouter que cette créance représente la réparation du préjudice causé à l'enfant par la faute du père ou de la mère.

L'art. 908 est-il applicable aux enfants adultérins ou incestueux ? C'est incontestable. Cet art. 908 comprend évidemment, sous le nom d'enfants naturels, tous les enfants qui ne sont pas légitimes.

Nous devons ajouter enfin qu'il existe une très-grande différence entre l'enfant qui réclame des aliments et l'enfant qui a reçu un don. L'enfant qui réclame ne peut se servir de la reconnaissance de ses père ou mère pour établir sa filiation et obtenir des aliments. (Toullier, t. I, p. 417 ; Cadrès. n° 210 ; Cass., 4 décembre 1857, S. V., 58, 1, 29.)

Et il en résulte que l'enfant qui a reçu un don ou fait un legs, même excédant les aliments, ne peut en être privé, sur le motif qu'il existe une reconnaissance de l'auteur de ce don ou de ce legs qui confère expressément ou implicitement à l'enfant la qualité d'enfant adultérin ou incestueux.

Les père ou mère des enfants adultérins ou incestueux ne leur succèdent pas. Aucun texte de loi ne les déclare *successibles*, et il est évident que si le législateur avait voulu établir cette successibilité, il aurait eu soin de le dire, comme il l'a fait dans l'art. 765, pour les père et mère des enfant naturels.

La succession de l'enfant adultérin ou incestueux est dévolue, à l'exclusion de tous autres, à ses enfants légitimes ou naturels, et, à défaut d'enfants, à son conjoint survivant, et à l'État s'il n'a pas de conjoint survivant.

IX

DE LA SUCCESSION DE L'ENFANT NATUREL DÉCÉDE SANS POSTÉRITÉ

ART. 765.

« La succession de l'enfant naturel décédé sans postérité est dévolue au père ou à la mère qui l'a reconnu, ou par moitié à tous les deux, s'il a été reconnu par l'un et par l'autre. » (745, 757, 758.)

Le législateur a voulu par cet article encourager les père et mère à reconnaitre leur enfant naturel. Dès qu'il a été reconnu par eux, ils lui succèdent par suite du principe de réciprocité que la loi a établi en cette matière.

L'art. 765 appelle d'abord à la succession de l'enfant naturel *sa postérité ;* il l'appelle à l'exclusion de tous autres, que cette postérité soit légitime ou naturelle. (758.)

Les père et mère d'un enfant naturel reconnu ont-ils droit à une réserve dans la succession de cet enfant?

Cette question est fort controversée; elle divise les auteurs, et, quant à la jurisprudence, elle ne le cède pas en divergence à la doctrine. Du reste, cette divergence ne s'est pas seulement produite entre les décisions de différentes cours, elle s'est manifestée au sein même de la Cour de Paris et de la Cour de cassation.

Dans le sens de l'affirmative, voyez :

Répert. de Merlin, v° *Réserve*, sect. IV, n° 20 ;

Grenier, *Traité des don. et test.*, t. II, n° 676 ;

Loiseau, *des Enfants naturels*, p. 692 ;

Delaporte, *Pandect. français*, t. VIII, n° 180;

Poujol, *des Success.*, t. I, art. 765, n° 3 ;

Vazeilles, *id.*, t. I, art. 765, n° 5 ;

Rolland de Villargues, *Répert. du notariat*, v° *Portion disponible*, n° 52 ;

Belost-Jolimont, sur Chabot, *Success.*, art. 765 ;

Toullier, *Th. du Code civil*, t. III, p. 199 ;

Cadrès, *des Enfants naturels*, n° 251, p. 344 ;

Troplong, *Don. et test.*, t. II, n° 817;

Zachariæ (éd. Massé et Vergé), t. III, § 462, p. 174, note 13 ;

Merville, *Rev. de droit français et étranger*, t. V, p. 45.

Pour la négative, voyez :

Chabot, *Success.*, art. 765, n° 5 ;

Delvincourt, t. II, p. 275 ;

Malpel, *Success.*, n° 167 ;

Richefort, *État des familles*, t. III, n° 458 ;

Marcadé, t. III, sur l'art. 915, n° 3 ;

Saintespès-Lescos, *Don. et test.*, t. II, n° 553 ;

Ancelot, sur Grenier, *Don.*, t. IV, p. 560 ;

Aubry et Rau, d'après Zachariæ, t. V, § 680, p. 548, note 4 ;

Demante, t. IV, n° 51 et 51 *bis* ;

Beautemps-Beaupré, *Port. dispon.*, t. I, n° 204 ;

Demolombe, *Success.*, t. II, n° 150.

Ce dernier système a été adopté par arrêts de la Cour de cassation des 26 décembre 1860 (S. V., 61, 1, 321) et 29 janvier 1862 (S. V., 62, 1, 554.)

Il semble même prévaloir aujourd'hui dans la doctrine.

JURISPRUDENCE

1. Les père et mère naturels n'ont aucune réserve sur les biens de la succession de leur enfant légalement reconnu. (C. civ., 765 et 915.)

Grenier, *Traité des donations*, t. II, p. 482.

Nîmes, 11 juillet, 27, S. V., 28, 2, 55.

2. Les père et mère naturels ont un droit de réserve sur les biens de la succession de leur enfant légalement reconnu. (C. civ., 765 à 915.)

Bordeaux, 20 mars 1827, S. V., 37, 2, 483.

3. Les père et mère naturels n'ont pas droit à une réserve sur les biens de la succession de leur enfant légalement reconnu. (C. civ., 765 et 915.)

Douai, 5 décembre 1840, S. V., 41, 2, 125.

4. La reconnaissance d'un enfant naturel après son décès, ne donne pas à celui qui l'a faite le droit de recueillir la succession de cet enfant. (C. civ., 334, 765.)

Et ce défaut de droit peut être opposé par le tiers-détenteur de la succession de l'enfant naturel au père ou à la mère qui a fait la reconnaissance posthume, sur l'action en pétition d'hérédité intentée par eux contre ce tiers.

Pau, 9 juillet 1844, S. V., 45, 2, 10.

5. Les père et mère ont un droit de réserve sur la succession de leur enfant naturel légalement reconnu. (C. civ., 765, 915.)

Cass., 3 mars 1846, S. V., 46, 1, 213.

6. Un enfant naturel peut être valablement reconnu après son décès, et une telle reconnaissance produit tous ses effets au profit du père ou de la mère qui l'a faite... sauf bien entendu le cas où elle serait frauduleuse. (C. Nap., 334 et 765.)

Douai, C. d'appel, 20 juillet 1852, S. V., 52, 2, 678.

7. Les père et mère d'un enfant naturel reconnu n'ont

pas droit à une réserve sur la succession de leur enfant. (C. Nap., 765 et 915.)

18 nov., C. imp., Paris, S. V., 59, 2, 663.

8. Les père et mère d'un enfant naturel reconnu n'ont pas droit à une réserve dans la succession de cet ascendant. (C. Nap., 765 et 915.)

Cass., 26 décembre 1860, S., V., 61, 1, 321.

9. Les père et mère d'un enfant naturel reconnu ont droit à une réserve dans la succession de cet enfant. (C. Nap., 765 et 915.)

Pau, 29 novembre 1860, S. V., 61, 2, 196.

10. Les père et mère d'un enfant naturel reconnu n'ont pas droit à une réserve dans la succession de cet enfant. (Code Nap., 765 et 915.)

Cass., 29 janvier 1862, S. V., 62, 1, 534.

Par cette décision, la Cour suprême confirme la nouvelle jurisprudence qu'a inauguré son arrêt du 26 décembre 1860 (vol. 1861, 1, 321).—Sur une question qui a jusqu'ici divisé les tribunaux et les auteurs, mais qui est toutefois le plus généralement tranchée dans le sens de la solution ci-dessus.

11. Les père et mère d'un enfant naturel reconnu n'ont pas droit à une réserve dans la succession de cet enfant. (C. Nap., 765 et 915.)

Bordeaux, Ch. réunies, 4 fév. 1863, S. V., 63, 2, 159.

L'arrêt ci-dessus de la Cour de Bordeaux a été rendu sur le

renvoi prononcé par l'arrêt de cassation du 29 janv. 1862, rapporté (vol. 1862, 1, 534). Cette Cour, en se ralliant à la doctrine de la Cour suprême, abandonne la jurisprudence qu'elle avait précédemment adoptée par deux arrêts des 24 avril 1834 (vol. 1834, 2, 461) et 20 mars 1837 (vol. 1837, 2, 483.

ART. 766.

« En cas de prédécès des père et mère de l'enfant naturel, les biens qu'il en avait reçus passent aux frères ou sœurs légitimes, s'ils se retrouvent en nature dans la succession : les actions en reprise, s'il en existe, ou le prix de ces biens aliénés, s'il est encore dû, retournent également aux frères et sœurs légitimes. Tous les autres biens passent aux frères et sœurs naturels, ou à leurs descendants. » (N° 750, 5.)

D'après cet article, la succession de l'enfant naturel mort *après ses père et mère*, qui l'ont reconnu, se divise en deux parties : l'une se compose des biens que l'enfant a reçus de ses père et mère et qui se retrouvent en nature, et des actions en reprise ou en payement du prix de ces biens ; cette partie de la succession passe aux enfants légitimes des père et mère.

L'autre se compose de tous les biens que l'enfant naturel a pu acquérir, à quel titre que ce soit ; cette seconde portion de la succession de l'enfant naturel passe à ses frères ou sœurs *naturels*, ou à leurs descendants.

Dans la première partie de l'art. 766, le législateur a établi une espèce de retour successoral au profit des frères et sœurs légitimes du défunt, comme ayant eu, plus que les frères et sœurs naturels, sujet de compter sur les biens donnés au défunt, et qui sans cela seraient restés dans la succession des père et mère. Dans la disposition finale de l'article, il a établi la faveur inverse au profit des frères ou sœurs naturels ou de leurs descendants. Les motifs de cette faveur sont tirés de la réciprocité du droit de succéder, et de la position ordinairement peu fortunée des enfants naturels, et qu'il était juste et humain d'améliorer le plus possible.

L'article 766 a fait naître plusieurs questions très-délicates et très-importantes.

1° Le droit de retour accordé aux frères et sœurs légitimes de l'enfant naturel, décédé sans postérité, sur les biens qu'il a reçus de son père ou de sa mère, ne peut-il être exercé qu'autant que les père et mère sont tous deux prédécédés?

Un arrêt de la Cour de Paris, du 27 novembre 1845, deux arrêts antérieurs qui ont été rendus, l'un par la Cour de Dijon le 1er août 1818, et l'autre par la Cour de Riom le 4 août 1820 (ce sont les seules décisions rendues sur la question), se sont prononcés pour l'affirmative.

Sic Zachariæ (éd. Aubry et Rau), t. IV, p. 227 ;
Cadrés, n° 214 ;
Demante, t. III, n° 85 ;
Demolombe, *des Successions*, t. II, n° 155, p. 250.

Mais le plus grand nombre des auteurs se prononce pour la doctrine contraire.

Sic Duranton, t. IV, n° 338 ;
Chabot et Belost-Jolimont, art. 766, obs. 5 ;
Malpel, n° 164 ;
Vazeille, art. 766, n° 2 ;
Marcadé; art. 766, n° 2 ;
Richefort, t. III, p. 22 ;
Pont, *Revue de législ.*, de M. Wolowski, 1846, t. II, p. 94 ;
Zachariæ (éd. Massé et Verger), t. II, p. 282, note 9, *in fine*.
Merville, *Revue de droit français*, 1848, p. 41 ;
Duvergier, sur Toullier, t. IV, n° 269.

2° Les *descendants* des frères ou sœurs légitimes peuvent-ils exercer la reprise que l'art. 766 établit en faveur des frères ou sœurs?

Dans le sens de l'affirmative, voyez :
Duranton, t. VI, n° 337 ;

Vazeille, sur l'art. 766, n° 3;

Toullier, t. IV, n° 269;

Delvincourt, sur l'art. 766;

Marcadé, sur l'art. 766;

Chabot, sur l'art. 766, n° 5;

Poujol, sur l'art. 766, n° 3;

Taulier, t. III, p. 201;

Demolombe, *des Successions*, t. II, n° 156, p. 234.

Dans le sens de la négative, voyez :

Grenier, *Donat.*, II, n° 677;

Malpel, n° 164;

Zachariæ (édit. Massé et Verger), t. II, p. 281, note 9.

Nous devons faire observer, en finissant, que le mot *descendants* de l'art. 766 doit être appliqué non-seulement aux descendants légitimes des frères ou sœurs, mais encore à leurs descendants naturels; que les différents successeurs dont parlent les art. 765 et 766 sont des successeurs irréguliers, qui, par conséquent, n'ont pas la saisine, qui n'appartient qu'aux héritiers légitimes; qu'enfin il n'y a pas lieu de fendre en deux parts cette espèce de succession dont s'occupe l'art. 766, puisqu'elle doit être attribuée indistinctement aux frères ou sœurs naturels consanguins ou utérins.

JURISPRUDENCE

ART. 766.

1. Le père ou la mère d'un enfant naturel n'a pas droit à la succession des enfants légitimes de celui-ci.

Bourges, 4 janvier 1839, S. V., 39, 2, 289.

2. Une déclaration de grossesse faite devant notaire par une femme enceinte d'un enfant naturel vaut reconnaissance de cet enfant. (C. civ., 334.)

Au cas de décès d'un enfant naturel ne laissant ni postérité, ni père, ni mère, ni frère, ni sœur naturels ou descendants d'eux, ni conjoint survivant, l'État succède par droit de déshérence aux biens qui ne proviennent pas des père et mère de l'enfant naturel, à l'exclusion des frères et sœurs légitimes de celui-ci. (C. civ., 766.)

Grenoble, 13 janvier 1840, S. V., 40, 2, 216.

3. L'enfant légitime ne peut, pour établir ses droits à la succession d'un individu qu'il prétend être l'enfant naturel de sa mère, notamment pour exercer le retrait autorisé par l'art. 766, C. civ., être admis à la recherche de la maternité et imputer par là à sa mère défunte une maternité naturelle qu'elle n'a pas reconnue. (C. civ., 341, 766.)

Un arrêt contient un exposé suffisant du point de fait de la cause, lorsqu'il se réfère, à cet égard, au jugement de première instance, alors même que le point de fait ne se trouve pas d'une manière distincte dans ce jugement, si d'ailleurs l'ensemble et les motifs du jugement le font suffisamment connaître.

Cass., 20 novembre 1843, S. V., 43, 1, 849.

4. Le droit de retour accordé aux frères et sœurs légitimes de l'enfant naturel décédé sans postérité sur les biens qu'il a reçus de son père ou de sa mère, ne peut être exercé qu'autant que les père et mère sont tous deux prédécédés : il ne suffit pas du prédécès de l'ascendant donateur. (C. civ., 766.)

17 novembre 1845, C. roy. Paris, S. V., 46, 2, 196.

Sic Dijon, 1er août 1818, C. N., 5, 2, 409; — et Riom, 4 août 1820, S. V., 21, 2, 313.

5. Le père ou la mère de l'enfant naturel n'a pas droit à la succession des enfants légitimes de celui-ci. (C. Nap., 765, 766.)

Cass., 5 mars 1849, S. V., 49, 1, 331.

Nota. — Nous ne connaissons pas d'autre précédent sur cette grave question, indépendamment de l'arrêt de Caen qui était ici l'objet du pourvoi, qu'un jugement du tribunal de Nevers du 7 janv. 1838, rapporté dans la collection du Sirey-Devilleneuve (vol. 1839, 2e partie, p. 289), et qui avait déjà jugé la question dans le sens qu'adopte la Cour de cassation dans l'arrêt ci-dessus.

Dans le sens de la négative on peut voir une dissertation très-remarquable de M. le professeur Feuguerolles, rapportée dans la collection de Sirey-Devilleneuve (vol. de 1847, 2, 570).

6. L'acte de naissance d'un enfant naturel qui désigne une certaine femme pour la mère de l'enfant, mais au-

quel celle-ci n'a pas assisté, ne fait point preuve contre elle ou ses représentants de la filiation maternelle. (Code Nap., 334, résumé dans les deux espèces.)

Il ne peut même servir, à cet égard, de commencement de preuve par écrit. (C. Nap., 341, 1re espèce.)

Le principe qu'à défaut de possession d'état suffit pour l'établissement de la filiation légitime (C. Nap., 320) est inapplicable à la filiation naturelle. (1re espèce.)

La reconnaissance de la qualité d'enfant naturel faite volontairement en justice par les héritiers légitimes du père ou de la mère, décédé dans une instance sur la demande en partage de la succession formée contre eux par l'enfant naturel, est valable et peut, dès lors, être opposée par celui-ci à un autre enfant qui a été pareillement reconnu par les héritiers comme enfant naturel du même père ou de la même mère.

En un tel cas, celui des enfants ainsi reconnus qui voudrait contester la réalité de la qualité d'enfant naturel attribué à l'autre ne pourrait faire tomber la reconnaissance des héritiers légitimes, à l'égard de ce dernier, qu'en établissant que la reconnaissance est entachée de fraude.

La recherche de la maternité est un droit exclusivement attaché à la personne de l'enfant auquel s'applique la maternité recherchée; par suite, la recherche de la maternité d'un enfant naturel décédé n'est pas admissible de la part d'un autre enfant de la prétendue mère qui veut établir par ce moyen ses droits dans la succession du défunt. (C. Nap., 341, 766.)

Du reste, en admettant que la recherche de la maternité fût recevable, en un tel cas, de la part du prétendu frère de l'enfant naturel, elle ne pourrait être exercée après l'expiration des délais fixés par les art. 329 et 330 du Code Napoléon pour l'exercice de l'action en réclamation d'état accordée aux héritiers de l'enfant légitime.

Metz, 21 juin 1853, S. V, 56, 2, 449.

7. Les héritiers d'un enfant naturel non reconnu ont le droit de rechercher la maternité de cet enfant, à l'effet d'établir leurs droits dans la succession à laquelle il aurait été appelé en sa qualité d'enfant naturel de la femme qu'ils prétendent être sa mère. (C. Nap., 329, anal. 341 et 766.

Le domaine de l'État condamné à rendre une succession en possession de laquelle il avait été envoyé, doit en restituer les fruits à partir du jour de la remise du mémoire prescrit par l'art. 15, tit. III de la loi des 28 oct. et 5 nov. 1790. (C. Nap., 549, 550 et 768.)

Paris, C. imp., 30 avril 1859, S. V., 60, 2, 625.

8. La recherche de la maternité est un droit exclusivement attaché à la personne de l'enfant. Par suite, les héritiers d'un enfant naturel non reconnu n'ont pas le droit de rechercher la maternité de cet enfant, à l'effet d'établir leurs droits dans une succession à laquelle il aurait été appelé en qualité d'enfant naturel de la femme qu'ils prétendent être sa mère. (C. Nap., 329, 341 et 766.)

Rouen, 23 juillet 1862, S. V., 63, 2, 64.

TABLE DES MATIÈRES

PARIS. — IMP. SIMON RAÇON ET COMP., RUE D'ERFURTH, 1

www.ingramcontent.com/pod-product-compliance
Ingram Content Group UK Ltd.
Pitfield, Milton Keynes, MK11 3LW, UK
UKHW022047190726
13855UKWH00002B/436

9 782013 576383